Spiel und Spaß im Frühling

Impressum

Bibliographische Information der Deutschen Nationalbibliothek
Die deutsche Nationalbibliothek verzeichnet diese Publikation in der Deutschen Nationalbibliographie; detaillierte bibliographische Daten sind im Internet über http://dnb.d-nb.de abrufbar.

1. Auflage
Die letzte Zahl bezeichnet das Druckjahr.
© BC Elementum Pädagogik GmbH & Co. KG, Wiesbaden 2024

BC Elementum Pädagogik GmbH & Co. KG
Schoßbergstraße 11
65201 Wiesbaden
www.kiga-plus.de

 @kigaplus    Kiga+

Noch mehr löwenstarke Materialien finden Sie in unserem Shop:

 www.kiga-plus-shop.de

Alle Rechte vorbehalten.

Das Werk und seine Teile sind urheberrechtlich geschützt.
Jede Nutzung in anderen als den gesetzlich zugelassenen Fällen bedarf der vorherigen schriftlichen Einwilligung des Verlages.

Hinweis zu § 52 a UrhG: Weder das Werk noch seine Teile dürfen ohne eine solche schriftliche Einwilligung eingescannt oder in ein Netzwerk gestellt werden. Gleiches gilt für Intranets von Schulen oder sonstigen Bildungseinrichtungen.

Lektorat und Redaktion: Caroline Romaneehsen, Alina Wandrei und Alexander Cramer

Autor*innen: Ulrike Blucha, Susanne Brandt, Marion Demme-Zech, Marieke Göttlicher, Claudia Höly, Kirsten Maron, Petra Meyer, Sabrina Neumann, Jutta Schlemmer, Sigrun Teichmann-Krömer, Ulrike Verheugen, Margot Weiß

Satz und Layout: Anja Seelig (www.anja-seelig.de)

Umschlagfotos:
Links: © xavierarnau / istockphoto.com
Rechts: © NataliaDeriabina / istockphoto.com (oben), © pixabay.com (Mitte),
© Bobex-73 / istockphoto.com (unten)

Druck: SAXOPRINT GmbH (www.saxoprint.de)

Hinweis: Der Inhalt ist 2012 in der Praxismappe „Geheimnisvoller Frühling" in der Kiga-Fachverlag GmbH erschienen und wurde für diese Ausgabe überarbeitet.

ISBN: 978-3-98984-013-3

Inhaltsverzeichnis

Vorwort 5

Auf in den Frühling

Den Frühling anlocken / Frühjahrstanzlied 6
Frühling kommt / Fingerspiel 8
Fitness für Wintermüde / Bewegungsangebot 9
Osterglöckchen, gelbes Röckchen / Kreisspiel 11
Frühlingsspiele mit Blumenzwiebeln / Spiele für draußen 12
Winteraustreiben mit Hexentanz / Gestaltung und Tanz 14
Die ersten Sonnenstrahlen genießen / Entspannungsgeschichte 16
Frühlingswörter / Aktion 18
Ein Fall für die Frühjahrsdetektive / Projekt 19
Frühlingsforscher-Pass / Aktion 21
Den Frühling fühlen / Tastspiel 23
Pflanzenbeobachtungsquadrat / Aktion 24
Frühlingsstrauß / Kreisspiel 26
Farbsammelpalette / Aktion 27
Natur-Finder-Spiel / Suchspiel 28

Blühen und Gedeihen

Überall wächst was / Aktion 29
Der Wachs-O-Graph / Aktion 31
Farbenfrohe Blumenzwiebelbilder / Aktion 33
Fensterbank-Wiese / Aktion 35
Kresse mit Herz / Gestaltung 36
Frühlingsfrühstück / Aktion 37
Brennnesselbrotaufstrich / Rezept 40
Knospen-Daumenkino / Gestaltung 41
Wenn Blumen wachsen / Klanggeschichte 42
Blumenbilder aus Saatgut / Gestaltung 43
Frühlingsgenüsse / Rezepte 45
Frühlingsboten / Gestaltung 47

Inhaltsverzeichnis

Im Tierreich

Kleiner Igel, wach auf! / Kreisspiel 48
Besuch aus den Bäumen / Fingerspiel 49
Siehst du dort die Finken? / Fingerspiel 50
Die Frühlingsmaus / Theaterspiel 51
Eine kleine Schnecke / Fingerspiel 53
Zwick und Zwack / Mitmachgeschichte 54
Wir bauen ein Vogelnest / Fingerspiel 56
Zwei Regenwürmer bei der Arbeit / Fingerspiel und Darstellendes Spiel 57
Es war einmal ein Schaf / Geschichte und Gestaltung 58
Alle Vögel sind schon da! / Sachtext und Aktion 61
Rettet die Frösche! / Projekt 63

Ostern kann kommen!

Wieso bringt der Osterhase die Eier? / Gut zu wissen 65
Osterbräuche aus aller Welt / Wissen und Aktionen 66
Eier filzen / Gestaltung 67
Puzzle und Memory mit Ostereiern / Gestaltung und Spiel 68
Polizei und Papagei / Sprachförderspiel 70
Osterspiele mit Eiern / Spiele 72
Frühjahrsputz mit Osterhasen / Fünf Bewegungsspiele 75

Auf einen Blick 77
Bildnachweis 79

Noch mehr Frühling gibt es hier zu entdecken:

Tiere im Frühling
Kiga-Guck mal!-Karten

11 Bildkarten im DIN-A3-Format zeigen die tierische Welt des Frühlings – von gerade geschlüpften Vogelküken bis zu frechen Frischlingen. Einfache Reime für die Jüngsten, Sachtexte ab 3 Jahren und kurze Anregungen holen die Frühlingstiere in die Kita.

Vorwort

Die Tage werden länger, die Vögel zwitschern fröhlich und in der Natur kann man das Grün der ersten sprießenden Pflanzen entdecken. Das kann nur eins bedeuten: Der Frühling steht endlich vor der Tür! Die Kinder können wieder draußen spielen und die spannenden Veränderungen der Natur erkunden.

Auf in den Frühling heißt es im ersten Kapitel, in dem die Kinder mit Liedern, Aktionen und Fingerspielen ins Thema einsteigen. *Fitness für Wintermüde* rüttelt selbst den Verfrorensten die Kälte aus den Knochen, die *ersten Sonnenstrahlen genießen* die Kinder während einer Entspannungsgeschichte und halten mit dem Frühlingsforscher-Pass all die aufregenden Veränderungen in der Natur fest.
Wir sehen alles **Blühen und Gedeihen**! Auf der Fensterbank wird eine eigene Wiese gezüchtet, die Entwicklung einer Knospe im Daumenkino festgehalten und Samen werden auf Papier zu Blumen.
Auch im **Tierreich** gibt es Spannendes zu entdecken: Gemeinsam wecken die Kinder einen besonders schläfrigen Igel mit Instrumenten, erleben verrückte Dinge mit den aufgeweckten Hühnern *Zwick und Zwack* und lernen, auf Frösche auf der Straße aufzupassen.
Ostern kann kommen mit interessanten Infos zu Osterbräuchen, gefilzten Eiern, lustigen Spielen und dem Ei, das sich in Wörtern versteckt.

Das Gesamtpaket *Hallo Frühling!* besteht aus dieser Praxismappe, der Praxismappe *Frühling mit den Kleinsten* für die unter 3-Jährigen und dem Kiga-Guck mal!-Kartenset *Tiere im Frühling*.

Wir wünschen viel Spaß beim Erkunden der erwachenden Natur!

Blühende Grüße

Caroline Romaneehsen, Alina Wandrei & Alexander Cramer

U3 – Für die Kleinsten!
Beiträge, die mit Kindern unter drei Jahren durchgeführt werden können.

Schnell umgesetzt!
Beiträge, die in 10 Minuten oder weniger umgesetzt werden können.

Auf in den Frühling

Den Frühling anlocken
Frühjahrstanzlied

U3

Anzahl: beliebig

Alter: ab 2 Jahren

Zeitbedarf: wenige Minuten

Lernziele:
- Singen
- Taktgefühl
- Koordination von Musik und Bewegung

» Falls der Frühling in ihrem Landstrich nicht so recht Einzug halten möchte, lässt er sich möglicherweise mit dem nachfolgenden Frühjahrstanzlied aus der Reserve locken.

Material:
- evtl. Holzstöcke
- evtl. Krepp-Papier in verschiedenen Farben

Und so geht's:

Lieber Frühling
(gesungen auf die Melodie „Bruder Jakob")

Lieber Frühling, lieber Frühling,
komm herbei, komm herbei!
Hände reichen und gemeinsam
im Kreis gehen

Lass den Winter scheiden,
lass den Winter scheiden.
stehen bleiben und mit den Händen von sich weg winken

Bring uns Licht, bring uns Licht!
Hände in Richtung Himmel ausstrecken

Lieber Frühling, lieber Frühling,
komm herbei, komm herbei!
Hände reichen und gemeinsam im Kreis gehen

Lass die Kälte schwinden,
lass die Kälte schwinden.
stehen bleiben und mit den Händen die Oberarme reiben

Lass Sonne rein, lass Sonne rein!
mit den Händen die Rundung der Sonne nachfahren

Lieber Frühling, lieber Frühling,
komm herbei, komm herbei!
Hände reichen und gemeinsam im Kreis gehen

Lass die Pflanzen wachsen,
lass die Pflanzen wachsen.
stehen bleiben und alle Finger einer Hand wie eine Knospe zusammenlegen, die Hand hin und her drehen und den Arm langsam nach oben strecken

Mach alles grün, mach alles grün!
Hände flach ausstrecken und auf Bauchhöhe kreisend bewegen

Lieber Frühling, lieber Frühling,
komm herbei, komm herbei!
Hände reichen und gemeinsam im Kreis gehen

Lass uns alle tanzen,
lass uns alle tanzen.
Hände loslassen und im Kreis um sich selbst drehen

Winter ist vorbei, Winter ist vorbei!
stehen bleiben und in die Hände klatschen

Marion Demme-Zech

© Marion Demme-Zech

Variation:

Um den farbenarmen Winter auszutreiben, können neben den oben vorgestellten Bewegungen auch bunt dekorierte „Stockbänder" im Tanzspiel verwendet werden. Hierzu 25-30 cm langes Krepp-Papier in den von den Kindern gewählten, lebhaften Farben an das Ende eines stumpfen Holzstocks knoten. Jedes Kind hält während des Liedes sein Stockband in seiner rechten Hand.
Statt der angegebenen Bewegungen heben die Kinder beim Refrain „Lieber Frühling" ihre Stockbänder in Richtung Kreismitte in die Höhe und gehen im Kreis umher. Während der einzelnen Strophen bleiben die Tänzer stehen, stellen sich in Richtung Kreismitte auf und wedeln kreisförmig mit ihren Stockbändern.

Auf in den Frühling

Frühling kommt
Fingerspiel

Anzahl: beliebig

Alter: ab 3 Jahren

Zeitbedarf: wenige Minuten

Lernziele:
- Sprachkompetenz
- Freude an Reimen

» Dem Frühlingsbeginn liegt immer wieder ein Zauber inne! In diesem Fingerspiel erleben wir, wie der Schnee schmilzt, die ersten Blüten sprießen und die Vögel zu singen beginnen.

Und so geht's:

Tragen Sie den Text mit den Bewegungen vor und animieren die Kinder, diese mitzumachen.

Überall schmilzt nun der Schnee,
auf den Straßen und im Garten.
mit den Händen über Arme streichen

Ach, ich kann es kaum erwarten,
dass ich erste Blumen seh.
Ausschau halten

Winter hält sie noch versteckt,
Hände vor der Brust verschränken

doch die kleinen zarten Schneeglöckchen
mit den weißen Blütenröckchen
mit den Fingern zappeln

hab ich trotzdem jetzt entdeckt.
nach vorne zeigen

Frühling kommt mit großem Schritt,
mit Händen nach vorne laufen

lässt bald bunte Blumen blühn,
Wiesen werden wieder grün
an den Händen fassen

und die Amsel singt ihr Lied.
Hand als Schnabel öffnen und schließen

Margot Weiß

Auf in den Frühling

Fitness für Wintermüde
Bewegungsangebot

Anzahl: beliebig

Alter: ab 2 Jahren

Zeitbedarf: 10 Minuten

Lernziele:
- Freude an Bewegung
- Ausdauer

> Der Winter und seine frostige Kälte stecken vielen Menschen auch im Frühjahr noch in den Knochen. Höchste Zeit also, den letzten Rest Winter abzuschütteln und sich fit für die sonnige Zeit zu machen. Auch wenn man bei der nachfolgenden Mitmachaktion genau genommen immer nur auf der Stelle tritt, kommt man garantiert mächtig ins Schwitzen.

Material:
- Mineralwasser
- Trinkbecher

Und so geht's:

Alle wintermüden Kinder suchen sich im Raum einen Platz und machen sich bereit fürs „**Auf-der-Stelle-Treten**".
Während der Bewegungsaktion bleiben alle auf ihren Plätzen. Die Fachkraft positioniert sich für alle gut sichtbar im Raum.

Auf Ihre Ansage steigern die jungen Sportler das Tempo. Die Frühlingsgymnastik beginnt mit dem „**Lockeren Lauf**" auf der Stelle.

Auf Ansage steigern Sie langsam das Tempo vom „**Flotten Lauf**" zum „**Schnellen Lauf**" hin zum „**Turbolauf**", bei dem die Kinder so schnell auf der Stelle treten, wie es ihren Beinen nur möglich ist.

Nachdem die Kinder „**Absolute Höchstgeschwindigkeit**" erreicht haben, fahren sie das Tempo langsam wieder herunter und trippeln sachte auf der Stelle. Hierbei pusten sie lautstark die verbrauchte Luft aus ihren Lungen, schütteln ihre Arme und Hände aus, lassen diese schlaff und locker baumeln und entspannen ihre gerade strapazierten Muskeln.

Nach dieser angenehm entspannenden Phase steht eine weitere spannungsreiche Temporunde bevor, in der die Kinder wiederum alles aus ihren Beinen herausholen.

Weitere Tretmöglichkeiten mit langsamer Temposteigerung erleben die fitten Nachwuchssportler auch beim

→ Fersenlauf
→ Zehenspitzen-Lauf
→ O-Bein-Lauf
→ Knie-Anzieh-Lauf

und allen anderen denkbaren Laufvarianten.

Die Frühlingsgymnastik endet mit einer **abschließenden Atemübung**, bei der noch einmal dem Gefühl der körperlichen Anspannung und nachfolgenden Entspannung nachgespürt werden kann.

Hierbei atmen die Kinder tief ein, strecken ihre Arme und ihren Oberkörper so weit es geht in die Höhe und halten den Atem kurz an. Beim Ausatmen prusten die Kinder geräuschvoll die Luft aus ihren Lungen und lassen die Arme sachte nach unten fallen. Sie beugen ihren Oberköper vornüber und versuchen, jeden Muskel ihres Oberkörpers wie eine locker gelassene Marionette fallen zu lassen.
Nachdem diese Übung dreimal wiederholt wurde, können die Auf-der-Stelle-Treter sich mit dem bereitstehenden Mineralwasser erfrischen und fit in den Morgen entlassen werden.

Tipp:

Um Ausdauer zu entwickeln, ist es nötig, auch ausdauernd zu trainieren und in Bewegung zu bleiben. Um munter in den Morgen und in den Frühling zu starten, können Sie das Auf-der-Stelle-Treten über einige Wochen hinweg am Morgen für etwa 5-10 Minuten als offene Mitmachaktion für alle bewegungsfreudigen Kinder anbieten.

Marion Demme-Zech

Auf in den Frühling

Osterglöckchen, gelbes Röckchen
Kreisspiel

Anzahl: mindestens 6 Kinder

Alter: ab 2 Jahren

Zeitbedarf: wenige Minuten

Lernziele:
- Aufmerksamkeit und Konzentration
- Zuhören

> Aus einem einfachen Vers entsteht ein kleines Kreisspiel, mit dem die Kinder den Frühling einläuten.

Material:
- gelber Rock oder gelbes Tuch für das Osterglöckchen
- Glocke

Und so geht's:

Ein Kind spielt das Osterglöckchen. Es trägt einen gelben Rock oder bindet sich ein gelbes Tuch um die Hüfte. In der Hand hält es eine Glocke. Die übrigen Kinder sitzen im Kreis. Sie spielen die Wiesen- bzw. Frühlingstiere (z.B. Spinne, Käfer, Amsel, Raupe). Das Osterglöckchen steht in der Mitte des Spielkreises. Die Kinder sprechen gemeinsam den Vers und spielen dazu.

Osterglöckchen,
gelbes Röckchen,
klingelingeling.
Osterglöckchen läutet die Glocke

Klingt das Glöckchen,
schwingt das Röckchen,
Spinne krabbelt hin.
Spinne krabbelt in die Kreismitte

Der Spielvers wird mehrfach wiederholt. Verändern Sie dabei die jeweils letzte Zeile, sodass sie zu den mitspielenden Tierkindern passt:

Käfer fliegt schnell hin.
Amsel fliegt schnell hin.
Raupe kriecht schnell hin.

Sind alle Mitspieler in der Kreismitte angekommen, bilden sie zum Abschluss einen Kreis um das Osterglöckchen und tanzen zu dem folgenden (leicht veränderten) Vers:

Osterglöckchen,
gelbes Röckchen,
Tierkinder tanzen im Kreis
klingelingeling.
Osterglöckchen läutet die Glocke

Klingt das Glöckchen,
schwingt das Röckchen,
hören wir mal hin.
die tanzenden Kinder bleiben stehen, nehmen die Hände an die Ohren (lauschen), das Osterglöckchen klingelt erneut

Claudia Höly

Auf in den Frühling

Frühlingsspiele mit Blumenzwiebeln
Spiele für draußen

Anzahl: beliebig

Alter: ab 3 Jahren

Zeitbedarf: 40 Minuten

Lernziele:
- Freude an Bewegung
- Auge-Hand-Koordination
- Regelverständnis

> „Den Winter abschütteln und den Frühling willkommen heißen", lautet das Motto der folgenden Spiele. Dabei bilden Blumenzwiebeln den Ausgangspunkt aller Aktivitäten.

Material:
- diverse Blumenzwiebeln (eine für jedes Kind)
- Wiese oder großen Platz im Außenbereich
- Rolle Flatterband/Absperrband
- Handtrommel

© Marieke Göttlicher

Und so geht's:

I. Zum Warmmachen:

1. Die Blumenzwiebel wird in die Luft geworfen und wieder aufgefangen.

2. Nacheinander wird die Blumenzwiebel auf die unterschiedlichen Körperteile gelegt. Dabei bewegen sich die Kinder frei umher. Die Körperstellen (Arm, Bein, Fuß, Rücken etc.) wechseln auf Ihre Ansage hin. Eine Handtrommel verstärkt die Aktivität und bringt Rhythmus in die Bewegung der Kinder.

3. Markieren Sie auf dem Boden mit Hilfe der Flatterbänder eine Start- und eine Ziellinie. Der Abstand zwischen den Flatterbändern beträgt 10 m. Die Blumenzwiebel wird auf dem Handrücken balanciert und möglichst schnell vom Start ins Ziel getragen

alle Fotos: © Marieke Göttlicher

II. Spiele:

1. Die Blumenzwiebel im Kreis

Die Kinder bilden einen Kreis. In die Mitte des Kreises werden die Blumenzwiebeln gelegt.

Etwa drei bis vier Kinder stellen sich um den Kreis. Sie stellen Mäuse dar, die versuchen, die Blumenzwiebeln anzuknabbern.
Die Kinder im Kreis geben sich die Hände und durch Heben und Senken der Arme müssen sie verhindern, dass die Kinder, die außerhalb des Kreises stehen, in den Kreis gelangen.

Die erste Maus, die es schafft in den Kreis zu gelangen, um sich die Blumenzwiebeln zu schnappen, hat gewonnen.
Wenn es mehrere Mäuse gleichzeitig in den Kreis schaffen, entscheidet die Anzahl an geschnappten Blumenzwiebeln.

2. Angewurzelt

Für das Spiel wird eine Hexe gewählt, die die Kinder verhexen möchte. Wer von der Hexe berührt wird, bleibt wie angewurzelt stehen und stellt eine schöne Blume dar. Wenn sich kein Kind mehr bewegt, ist das Spiel vorbei. Es darf auch mehrere Hexen zum Fangen geben.

III. Zur Entspannung:

Eine Blumenzwiebel wächst

Wir stellen eine Blumenzwiebel dar.
alle Kinder setzen sich auf den Boden

Diese fängt langsam an zu wachsen.
Kinder richten sich in Zeitlupe auf

Sie fängt an Wurzeln zu schlagen.
breitbeinig hinstellen

Mit den Armen nach oben und zu einem Kreis gebogen
Kinder stellen sich auf die Zehenspitzen, heben die Arme nach oben und formen sie zu einem Kreis

stellen wir eine Knospe dar.
Kinder recken und strecken sich, indem sie die Arme abwechselnd nach oben ziehen

Die Knospe öffnet sich.
Kinder breiten die Arme von oben nach unten aus

Die Blume wird im Wind hin und her geschaukelt.
den Körper nach links und rechts bewegen

Die Blüte ist welk und verliert ihre Blätter.
die Arme fallen nach unten

Marieke Göttlicher

Auf in den Frühling

Winteraustreiben mit Hexentanz
Gestaltung und Tanz

Anzahl: Kleingruppe
Alter: ab 5 Jahren
Zeitbedarf: ca. 60 Minuten

Lernziele:
- Handwerkliche Arbeit
- Bewegungskoordination

» Der Winter wird mit viel Lärm und Getöse verabschiedet! Karneval oder Fastnacht bedeutet noch heute in manchen Gegenden wie in Süddeutschland die Austreibung des Winters. Hierfür wird sich nicht nur verkleidet und gefeiert, die Winteraustreibung soll den Frühling herbeirufen, böse Geister verscheuchen und gute Geister wecken. Hierzu stellen die Kinder einen eigenen Hexenbesen her und führen damit einen Hexentanz auf.

© Marieke Göttlicher

I. Hexenbesen

Material:
- je Kind einen langen Stock (ca. 1 m lang)
- einen Bund kleiner Äste pro Besen (ca. 40 cm lang)
- Paketschnur

Und so geht's:

Die Kinder legen die kleinen Äste am Ende des Stocks außen herum und binden sie zu einem festen Bund zusammen. Paketschnur eignet sich hierfür besonders gut, weil sie nicht so schnell reißt.

II. Tanz

Material:
- Kopftücher (Chiffontücher)
- die hergestellten Hexenbesen
- Musik im 4/4 Takt (mit Text zum Thema Frühling, Hexen oder Karneval; alternativ: instrumentales Lied ohne Text)

Und so geht's:

Der Kreis ist immer Ausgangsaufstellung.

1. Teil
Die Kinder bilden einen Kreis und stellen die Besenstiele mit den Borsten nach oben vor sich hin. Der Blick ist zur Kreismitte gerichtet. Sobald das Lied beginnt, klopfen die Kinder dreimal mit dem Stiel auf den Boden.

2. Teil
Die Kinder setzen sich auf ihren Besen, so als ob sie losfliegen wollen. Hierbei drehen sie sich nach links und laufen im Kreis herum. Anschließend drehen sie sich nach rechts und laufen auch in diese Richtung im Kreis.

3. Teil
Die Kinder stellen den Besen hochkant vor sich hin, wieder mit den Borsten nach oben. Mit einer Hand fassen sie den Besenstiel an und laufen um den Besen herum, dabei wird der Besen nicht losgelassen. Danach drehen sie sich und halten mit der linken Hand den Besenstiel fest. Nun umkreisen sie den Besen in die andere Richtung.

4. Teil
Die Kinder drehen sich mit dem Rücken zur Kreismitte und legen den Besen vor sich hin. So entsteht ein Kreis aus Besen.

© Marieke Göttlicher

5. Teil
Mit dem Gesicht zur Kreismitte fassen sich die Kinder an den Händen. Gemeinsam steigen sie rückwärts über die Besen aus dem Kreis heraus und wieder hinein. Einen Schritt zurück und einen Schritt nach vorne, immer über den Besen steigend.

6. Teil
Jetzt werden die Hände losgelassen, die Kinder drehen sich wieder zum Besen. Der Besen wird aufgehoben und die Kinder richten sich wieder mit dem Gesicht zur Kreismitte aus.

Die Bewegungen des Tanzes werden so lange wiederholt, bis das Lied zu Ende ist.

Marieke Göttlicher

Auf in den Frühling

Die ersten Sonnenstrahlen genießen
Entspannungsgeschichte

Anzahl: Kleingruppe

Alter: ab 3 Jahren

Zeitbedarf: 15 Minuten

Lernziele:
- Sonnenschein bewusst wahrnehmen
- Zuhören
- Entspannung

> Die lang ersehnte Sonne, deren Kraft zunehmend wächst, tut Körper und Seele gut. Draußen mag es noch kalt sein, doch die ersten Sonnenstrahlen haben auch durchs Fenster scheinend schon eine wärmende Wirkung. Bei dieser Entspannungsgeschichte genießen die Kinder die ersten Sonnenstrahlen und erfreuen sich am Frühlingsbeginn.

Material:
- Decken und Kissen
- Entspannungsmusik, passend zum Frühling
- Fensterfront zum Davorlegen

Und so geht's:

Vorbereitung:

Legen Sie die Decken und Kissen vor die Fenster so hin, dass die Sonne durch das Fenster direkt auf die Kinder scheint. Die Gruppengröße richtet sich nach der Größe der Fensterfront.

Durchführung:

Wenn die Musik läuft, dürfen die Kinder eintreten und es sich auf den Decken gemütlich machen. Mit dem Gesicht nach oben und den Füßen zum Fenster gerichtet, können die Kinder die Sonnenstrahlen und die damit verbundene Wärme genießen. Lesen Sie nun die Entspannungsgeschichte vor.

Das kleine Eichhörnchen

Das kleine Eichhörnchen hatte es sich in seinem Kobel hoch oben im Baum richtig gemütlich gemacht. Eingekuschelt in getrockneten und gesammelten Blättern lag es dort und schlief.

Der Winter war eingekehrt und es war bitterkalt. Der Wind fegte eisig um den großen Baum herum, in dem sich das kleine Eichhörnchen befand. In diesem Winter war es schon mehrfach aufgewacht, um etwas zu essen und zu trinken, um somit seine Reserven wieder aufzufüllen. Dann setzte es seine Winterruhe fort.

Es schlief gemütlich und fest in seinem Bau. Den langen Winter über hatte es viel Schnee gegeben, das hatte das Eichhörnchen bei seinem kurzen Aufwachen sehen können. Der Winter hatte in diesem Jahr früh begonnen.

Doch heute spürte das Eichhörnchen, dass etwas anders war. Etwas kitzelte das Eichhörnchen an der Nase. Ob es sich das nur einbildete? Was konnte das sein, fragte es sich. Wieder kitzelte etwas das Eichhörnchen an der Nase. Wütend machte es die Augen auf. Wer war der Übeltäter?

Das Eichhörnchen traute seinen Augen nicht. Es war die liebe Sonne. Der Frühling war eingekehrt. Der Winter neigte sich dem Ende zu. Wie schön, dachte sich das Eichhörnchen. Die ersten Sonnenstrahlen.

Es streckte und reckte sich der Sonne entgegen. Ganz lang machte sich das Eichhörnchen. Die Sonne strahlte ihm auf den Bauch. Es genoss jede einzelne Sekunde und jeden Sonnenstrahl. Erst genoss es die Sonnenstrahlen im Gesicht, die sanft über die Wangen strichen und das Gesicht in liebevoller Weise wärmten. Weiter führten die Sonnenstrahlen den Hals hinunter auf die Brust. Der Winter war in diesem Jahr besonders eisig. Doch nun füllten sich die Lungen des Eichhörnchens mit warmer, angenehmer Luft. Das Eichhörnchen atmete tief ein und wieder aus. Der Frühling strömte durch den ganzen Körper. Auf dem Bauch angelangt, machte die Sonne das Fell angenehm warm. Dort ruhte sich die Sonne kurz aus.

Es fühlte sich unglaublich gut an. Noch einmal atmete das Eichhörnchen den Geruch des Frühlings ein. Es duftete hervorragend. Wie sehr hatte es sich auf den Frühling gefreut, wie sehr hatte es den Frühling vermisst.

Doch so langsam verlor die Sonne ihre Kraft und zog sich zurück. Für den ersten Tag hatte die Sonne viel vollbracht. Das Eichhörnchen kroch zurück in sein warmes Nest aus Blättern und kuschelte sich gemütlich hinein. Es träumte von dem schönen Frühling, der nun endlich begonnen hatte.

Marieke Göttlicher

© Marieke Göttlicher

Auf in den Frühling

Frühlingswörter
Aktion

Anzahl: max. 20 Kinder

Alter: ab 3 Jahren

Zeitbedarf: täglich 5 Minuten

Lernziele:
- Sprachförderung
- Sachwissen über den Frühling
- Kreativität

» Kinder nehmen schon früh morgens Veränderungen des Tageslichts wahr, hören Vögel zwitschern und entdecken kleine Frühlingspflänzchen. Das kann genutzt werden, um mit der ganzen Gruppe ein Frühlingswörterbuch entstehen zu lassen. Spielerisch wird dabei der Wortschatz erweitert und dient so der Sprachförderung.

Material:
- großer Plakatkarton
- selbstklebende Notizzettel in vielen Farben
- Klebefilm oder Reißzwecken
- Buntstifte
- Farben und Bastelmaterialien

Und so geht's:

Wählen Sie mit den Kindern zusammen einen zentralen Platz aus und hängen das Plakat auf. Das kann im Gruppenraum sein, aber auch an einem Ort, wo alle Kinder der Kita es sehen können. Dort werden Sie mit den Kindern in der kommenden Zeit alle Wörter sammeln, die mit dem Thema „Frühling" zu tun haben.

Möchten Kinder ihre gefundenen Frühlingswörter notieren lassen, wählen sie eine Notizzettelfarbe aus. Helfen Sie den Kindern, das Wort auf den Notizzettel zu schreiben, wobei der erste Buchstabe besonders dick und deutlich sein sollte. Dann zeichnet das Kind ein zum Wort passendes Bild. Zuletzt wird der Name des Kindes auf dem Zettel notiert. Die selbstklebenden Notizzettel werden im Innenbereich des Plakates aufgeklebt. Kommen neue Wörter hinzu, können die Notizzettel abgenommen und dem Alphabet entsprechend eingereiht werden. So ist das Wörterbuch immer auf dem aktuellen Stand. Im Laufe der Zeit entsteht so ein umfangreiches Wörterbuch, an dem alle beteiligt sind. An einem zentralen Platz aufgehängt, regt das Plakat auch Hortkinder, Eltern und Gäste an, sich am Frühlingswörterbuch zu beteiligen.

Petra Meyer

Auf in den Frühling

Ein Fall für die Frühjahrsdetektive
Projekt

Anzahl: 4-12 Kinder

Alter: ab 4 Jahren

Zeitbedarf: 30 Minuten pro Erkundungstour

Lernziele:
• Beobachtungsgabe
• Sachwissen über die Natur

> Offizieller Frühlingsanfang ist laut unseres Gregorianischen Kalenders am 20./21. März. Ob der lange kalte Winter aber tatsächlich vorüber ist, merken wir bei genauem Hinsehen und auch Nachfühlen an vielfachen Umweltveränderungen. Die Kinder gehen als Frühjahrsdetektive auf Spurensuche und dokumentieren so den Frühlingsbeginn.

Material:

- **Kopiervorlage** ‚Frühlingsprotokoll' (QR-Code scannen oder unter www.kiga-plus-shop.de/pages/kopiervorlagen herunterladen)
- Stifte und Scheren
- Thermometer
- Uhr
- Lupen
- selbstklebende Folie
- Heckenschere (in Erwachsenenhände)
- ggf. Kamera
- Pflanzenbestimmungsbuch
- Locher und Sammelordner

Und so geht's:

Vorbereitung:

1. Kopieren Sie das Protokoll (für jede Detektivgruppe pro Treffen jeweils eine Kopie) und heften Sie die Kopien in einen Sammelordner. Diesen Ordner können die Detektivgruppen später nutzen, um die angeführten Natur-Veränderungen periodisch bei ihren Erkundungstouren zu überprüfen und die aufgespürten Veränderungen zu notieren.

2. Halten Sie im Vorfeld im nahen Umfeld des Kindergartens Ausschau nach den im Protokoll genannten Objekten (z.B. Schneeglöckchen, Haselstrauch).

3. Nachdem Sie geeignete Anschauungsobjekte in der Umgebung ausfindig gemacht haben, fertigen Sie eine kindgerechte „Frühlings-Erkundungskarte" mit einigen für Kinder prägnanten Standorten zur Orientierung an. Die Standorte der gewählten Pflanzen kennzeichnen Sie ebenfalls und nummerieren diese fortlaufend. Sollte es in Ihrem nahen Umfeld keine frühlingshaften Anschauungsobjekte geben, könnte ein wöchentlich geplanter Parkbesuch eine Alternative darstellen.

4. Befestigen Sie ein Thermometer an einer geeigneten Stelle in Kinderhöhe auf ihrem Außengelände.

5. Befüllen Sie einen „Erkundungsrucksack" mit Lupen, Scheren, mehreren Quadraten (5 x 5 cm) aus selbstklebender Folie, einer Heckenschere und, falls vorhanden, einer Kamera.

Durchführung:

1 Die Kinder bilden kleine Detektivgruppen von drei bis vier Kindern und geben sich einen Gruppennamen. Dann wird der Fall vorgestellt, den es zu lösen gilt: **Welche Indizien lassen sich finden, die zeigen, dass der Frühling kommt?** Alle Kinder überlegen zunächst gemeinsam, an welchen Anhaltspunkten die Veränderungen in der Natur auszumachen sind.

2 Sollten einige der im Protokoll aufgezählten Indizien nicht genannt werden, so können Sie die Kinder mit entsprechenden Hinweisen auf die richtige Spur bringen. Vielleicht kennen die Kinder aber auch weitere Frühlingsvorboten, die nicht auf unserer Liste zu finden sind. Diese gilt es in der letzten Spalte des Protokolls zu ergänzen.

3 Jede Detektivgruppe wird nun mit Stift und Protokoll ausgestattet und die erste Spurensuche mit Hilfe der „Frühlings-Erkundungskarte" kann sogleich starten.

4 Gemeinsam versuchen die Detektive, die in der Karte gekennzeichneten Standorte der Reihe nach aufzusuchen und hier entsprechende Naturveränderungen auszumachen. Lupen und Pflanzenbestimmungsbuch können die Arbeit der Detektive erheblich erleichtern. Ihre Beobachtungen halten die Spürnasen im Protokoll fest; geben Sie hier evtl. Hilfestellung. Um die Veränderung der Knospen oder Blüten von Bäumen und Sträuchern beobachten zu können, schneiden Sie behutsam mit einer Heckenschere für jede Gruppe ein Exemplar ab. Diese werden mit Hilfe der selbstklebenden Folie auf dem Protokoll fixiert.

Wichtig: Erklären Sie den Kindern, dass man Proben mit großer Rücksicht auf die Natur entnimmt und nur Arten wählt, die nicht unter Naturschutz stehen.

5 Weiterhin kontrollieren die Gruppen regelmäßig die Außentemperatur und vermerken diese ebenfalls in ihrem Protokoll. Der Zeitpunkt des Sonnenaufgangs wird vorab im Gruppenraum bestimmt. In der Einrichtung können die Kinder dann die fehlenden Zeitangaben im Protokoll ergänzen.

6 Auf diese Weise sammeln die Kinder mit jedem neuen Treffen vielerlei Hinweise auf den Frühling und erleben die Veränderungen der Natur hautnah.

7 Zum Projektabschluss tragen alle Detektivgruppen ihre Beobachtungen zusammen und gemeinsam erarbeiten die Gruppen das „Fortschreiten des Frühlings" mit Hilfe der erfassten Daten, Fotos und gesammelten Anschauungsobjekte.

Gut zu wissen: Phänologie – Die Lehre von den jährlich wiederkehrenden Naturerscheinungen

Die Phänologie untersucht und erfasst die periodisch wiederkehrenden Wachstums- und Entwicklungs-Veränderungen in der Pflanzen- und Tierwelt. Im Mittelpunkt des Interesses stehen dabei die Eintrittszeiten, der für bestimmte Jahreszeiten charakteristischen Veränderungen wie beispielsweise die Blütenentwicklung im Frühjahr oder die Blattverfärbung im Herbst. Mit Hilfe der Phänologie lassen sich jährliche Wachstumsentwicklungen, z.B. Umfang und Zeitpunkt der Apfelernte, prognostizieren sowie ökologische Veränderungen – u.a. bewirkt durch den Klimawandel – erkennen.

Marion Demme-Zech

Auf in den Frühling

Frühlingsforscher-Pass
Aktion

Anzahl: max. 15 Kinder

Alter: ab 4 Jahren

Zeitbedarf: 1 Stunde

Lernziele:
- Sachwissen über die Natur
- Beobachtungsgabe

>> Nicht alles, was Kinder in Wald und Flur entdecken, können sie mitnehmen und zu Hause zeigen. In einem Frühlingsforscher-Pass kann alles verzeichnet und aufgenommen werden, was Kinder in dieser Jahreszeit an Besonderheiten entdecken, wissen und gelernt haben. So wird der Forschergeist geweckt.

Material:
- je Pass einen festen Pappstreifen (ca. 60 x 15 cm)
- Druckerpapier
- Plastik-Sammeltütchen
- Schere und Klebstoff
- doppelseitiges Klebeband
- Stifte
- Handy oder Tablet mit Kamerafunktion

Und so geht's:

Vorbereitung:

Besprechen Sie mit den Kindern, was im Frühlingsforscher-Pass eingetragen, gesammelt und festgehalten werden kann.
Vorschläge und Anregungen: Name, Alter, Platz für Fotos, Sammeltütchen, Zeichnungen, Fläche für Pflanzen oder Tierspuren, Entdeckungen am Boden und in der Luft, Wald- und Wiesenwissen, usw.

Die Pappstreifen werden zum Leporello in sechs Flächen ziehharmonikaartig gefaltet. Die erste Seite ihres Leporellos gestalten die Kinder aus und schreiben mit etwas Hilfe Name, Alter und Gruppenname darauf. Die Sammeltütchen werden mit doppelseitigem Klebeband auf der hintersten Seite befestigt.

Durchführung:

Zu jedem Ausflug werden die Frühlingsforscher-Pässe mitgenommen. Aber auch Entdeckungen im Haus und Außengelände können eingetragen oder von den Kindern gemalt werden.

Es können vorher kleine Entdecker-Aufgaben gegeben werden:

→ Wer sieht heute die erste Biene?
→ Wer entdeckt eine Schnecke mit Haus?
→ Wer sieht eine wunderschön blühende Blume?
→ Wer entdeckt heute etwas im Busch?
→ Wer findet eine Feder oder sieht ein Vogelnest?

Auf jede Entdeckung sind die Kinder besonders stolz, wenn sie im Pass notiert ist oder im Sammeltütchen mitgenommen wurde.

Es können Fotos gemacht und am PC in passender Größe ausgedruckt, zugeschnitten und eingeklebt werden. Das Entdeckte kann auch als Zeichnung festgehalten werden.

Petra Meyer

Auf in den Frühling

Den Frühling fühlen
Tastspiel

Anzahl: Kleingruppe
Alter: ab 4 Jahren
Zeitbedarf: ca. 30 Minuten

Lernziele:
- Tastsinn schulen
- Sachwissen über Pflanzen

> Der Frühling spricht nach dem Grau und der Kälte des Winters die Sinne ganz besonders an. Mit diesem kleinen Spiel soll der Tastsinn dafür sensibilisiert werden, wie sich die Natur im Frühling anfühlt.

© Ulrike Blucha

Und so geht's:

Vorbereitung:

Verteilen Sie sowohl die Erde als auch alle Samensorten auf je zwei Glasschälchen und legen Sie von allen oben genannten Artikeln jeweils einen auf einen „Mustertisch".
Die Gegenstücke werden in einer Reihe in gleichmäßigem Abstand von ca. 40 cm aufgebaut (z.B. auf einer langen Fensterbank oder Tischreihe). Der gleichmäßige Abstand ist wichtig, um beim Tasten eine gewisse Sicherheit zu bieten. Blumen und Zweige sollten Sie hinlegen und nicht in eine Vase stellen, diese wird zu schnell umgestoßen. Denken Sie daran, die Narzissen nach dem Pflücken erst austropfen zu lassen.

Durchführung:

Zuerst sollen die Kinder sich alles auf dem Mustertisch gut anschauen und befühlen. Nun werden einem Kind die Augen verbunden und ein Objekt gereicht, das es ganz genau betasten soll. Danach wird es vorsichtig an der Fensterbank oder Tischreihe entlang geführt und soll durch Fühlen das passende Gegenstück finden. Ist dies gelungen, kann das nächste Kind einen Versuch wagen.

Material:
- je 2 Zweige einer Birke oder Weide, Tulpen oder Narzissen, kleine Blumen (z.B. Gänseblümchen), Forsythienzweige
- frische Gartenerde
- Samenperlen (z.B. Radieschen oder Möhren)
- feines Saatgut (z.B. Petersilie oder Kresse)
- kleine Glasschälchen und Augenbinden
- evtl. Vase

→ Die Materialauswahl sollte abhängig von den Blumen, Sträuchern und Bäumen sein, die das Gelände Ihrer Kita umgeben, sodass sie einen Wiedererkennungswert haben. Wichtig ist, dass unterschiedliche Merkmale gut zu erkennen sind.

Zum Schluss werden alle Zweige und Blumen zu einem bunten Strauß gebunden und in eine Vase gestellt. Die Samen können in einem Beet auf dem Gelände eingesät werden.

Ulrike Blucha

Auf in den Frühling

Pflanzenbeobachtungsquadrat
Aktion

Anzahl: max. 10 Kinder

Alter: ab 3 Jahren

Zeitbedarf: je Beobachtung ca. 20 Minuten

Lernziele:
- Beobachtungsgabe
- Übung in Dokumentation
- Frühlingszeichen in der Natur erkennen

>> Dass Veränderungen in der Frühlingszeit manchmal schon innerhalb einer Woche ganz gravierend sein können, zeigt ein Beobachtungsquadrat. Dabei werden in regelmäßigen Abständen die Beobachtungen dokumentiert und der Fortschritt des Frühlings so sichtbar.

Material:

- 4 möglichst gerade, kinderarmdicke, ca. 1 m lange Stöcke
- 4 dünne, ca. 30 cm lange Stöcke
- Klebestreifen
- quadratisches Papier (aus DIN-A4-Blättern geknickt)
- Stifte
- evtl. Handy oder Tablet mit Kamerafunktion

Und so geht's:

Vorbereitung:

Gemeinsam wird ein geeigneter Platz für das Beobachtungsquadrat gesucht.

Dieser Platz sollte nicht im Laufweg der Kinder liegen, sondern z.B. im Außengelände am Zaunrand oder im Wald, wo nicht alle ständig hindurchmarschieren.

Nach erfolgreicher Suche der Stöcke und einem geeigneten Standort, werden die vier dicken Stöcke als Begrenzung des Beobachtungsquadrats auf den Boden gelegt. Teilen Sie zwei Papierquadrate und fertigen daraus mit Klebestreifen und den dünnen Stöcken vier Fahnen an. An jede Ecke des Quadrats wird eine Fahne gesteckt, damit niemand versehentlich hineinläuft und es zerstört wird.

Durchführung:

Alle Kinder knien sich um das Quadrat herum und spielen „Ich sehe etwas, was du nicht siehst!" Sie beginnen und beschreiben etwas im Quadrat. Die Kinder sollen genau beobachten und sagen, was gemeint ist. Ist es richtig benannt, wird es auf einem Papierquadrat eingezeichnet.

Jetzt beschreiben die Kinder nach und nach, was sie entdecken. Dies wird bei einer richtigen Antwort ebenfalls eingezeichnet. Das Quadrat kann auch fotografiert werden.

Tipp:
Werden mehrere Beobachtungsquadrate angelegt, können die Kinder je nach Standort auch verschiedene Veränderungen dokumentieren.

Das Papier bzw. das Foto wird beim nächsten Besuch wieder mitgenommen und im Quadrat nachgeschaut, was sich verändert hat. Entsprechende Fragen regen das genaue Beobachten an:

→ Sind Ameisen oder andere Tierchen zu sehen?
→ Wer entdeckt eine Fraßspur?
→ Ist etwas gekeimt?
→ Liegen Stöcke anders?
→ Blüht ein Pflänzchen?
→ Ist etwas abgeknickt?
→ Gibt es farbliche Veränderungen?
→ Sind die Samen, die beim letzten Besuch dort lagen, noch da?

Auf einem neuen Papierquadrat oder einem weiteren Foto werden diese Veränderungen ebenfalls festgehalten. So wird das Beobachtungsquadrat insgesamt fünfmal besucht und die Beobachtungen dokumentiert.

Diese Dokumentation ist die Grundlage dafür, mit den Kindern über die Veränderungen der Natur im Frühling zu sprechen.

Petra Meyer

Auf in den Frühling

Frühlingsstrauß
Kreisspiel

Anzahl: Gesamtgruppe
Alter: ab 3 Jahren
Zeitbedarf: ca. 20 Minuten

Lernziele:
- Sachwissen über Blumen
- Bewegung

» Um einige Blumen besser kennenzulernen, können Kinder selbst zu Blumen werden. Dieses Spiel ist eine kleine Bewegungseinheit für den Stuhlkreis.

Material:
- Strohhut (wenn vorhanden)
- je Kind ein Blumenbild (am besten laminiert)

Und so geht's:

Vorbereitung:

Die Kinder setzen sich in einen Stuhlkreis, in dem jedoch ein Stuhl weniger steht, als die Anzahl der Kinder ist. Ein Kind (das von Ihnen bestimmt wird) ist der Gärtner oder die Gärtnerin, setzt den Hut auf und darf in der Mitte stehen. Alle anderen Kinder bekommen ein Blumenbild. Hierzu sollten sie drei verschiedene Blumenbilder wählen, die sich nicht zu sehr ähneln, z.B. Tulpen, Schneeglöckchen und Krokusse. Jedes Kind hält seine Karte in der Hand und sagt, welche Blume es ist.

Durchführung:

Der Gärtner oder die Gärtnerin gibt ab jetzt die Kommandos. Es gibt zwei verschiedene Möglichkeiten für das Kind: Entweder werden zwei Blumenarten genannt, die den Platz tauschen oder es sagt „Blumenstrauß" und alle Kinder wechseln den Platz. Während des Wechselns versucht der Gärtner oder die Gärtnerin einen Platz zu bekommen. Das Kind, welches keinen Platz bekommt, ist als nächstes an der Reihe.
Das Ende wird von Ihnen festgelegt, da es unwahrscheinlich ist, dass alle Kinder einmal Gärtner oder Gärtnerin sein können.

Sabrina Neumann

Auf in den Frühling

Farbsammelpalette
Aktion

Anzahl: max. 20 Kinder
Alter: ab 3 Jahren
Zeitbedarf: 1 Stunde

Lernziele:
- Farben in der Natur entdecken
- Beobachtung
- Umweltbewusstsein

» Im Frühling können täglich neue Farben in der Natur entdeckt werden. An Wegrändern, Wiesen, im Park und Wald kommen täglich neue Pflanzen mit ihren unterschiedlichen Farben ans Licht. Diese Unterschiede wahrzunehmen macht Spaß und lässt Wege in der Natur schon zu einer kleinen Aufgabe werden.

Material:
- **Kopiervorlage** ,Farbsammelpalette' (QR-Code scannen oder unter www.kiga-plus-shop.de/pages/kopiervorlagen herunterladen)
- feste Pappe
- doppelseitiges Klebeband
- Schere und Klebstoff
- Stift
- Plakat

Durchführung:

Jedes Kind bekommt eine kleine Farbpalette. Nachdem der Schutzstreifen des Klebebandes entfernt wurde, steckt es zum sicheren Griff den Daumen durch das Loch der Palette und begibt sich auf die Suche. Nun können alle Frühlingsfarben von Blättchen, Blüten, Stängeln etc. gesammelt und auf dem Klebestreifen befestigt werden. Erklären Sie den Kindern, dass von jedem Farbfund nur ein ganz kleines Stück genommen werden soll, denn je mehr Farbnuancen auf dem Klebestreifen sind, umso besser. Es müssen keine Pflanzen herausgerissen werden.
Die Kinder zeigen sich gegenseitig ihre Paletten und vergleichen ihre Farbsammlungen. Zum Abschluss können die Paletten im Gruppenraum auf einem großen Papierbogen als Gemeinschaftsarbeit gestaltet werden. Beim nächsten Ausflug werden sicherlich schon wieder andere Farben zu finden sein!

Petra Meyer

Und so geht's:

Vorbereitung:

Aus der Pappe wird mit Hilfe der Vorlage eine Farbpalette hergestellt und der Name des jeweiligen Kindes darauf notiert. Auf eine Seite der Palette wird ein breiter Streifen doppelseitiges Klebeband geklebt, die Schutzstreifen aber noch nicht entfernt. Größere Kinder können vor Ort dabei helfen, die Schutzstreifen abzuziehen. Nehmen Sie die Schutzstreifen wieder mit, damit kein Müll im Wald bleibt.

Auf in den Frühling

Natur-Finder-Spiel
Suchspiel

Anzahl: max. 15 Kinder

Alter: ab 4 Jahren

Zeitbedarf: 1 Stunde

Lernziele:
- Beobachtungsgabe
- Regeln einhalten
- Fantasie

» Jede Wegstrecke wird dazu genutzt Steine, Stöcke, leere Schneckenhäuser und Waldfrüchte zu sammeln. Den Kindern erscheint alles besonders oder gar wertvoll. Bei diesem Spiel sollen bestimmte Dinge gefunden werden, jedoch ist es jedem Kind selbst überlassen, was es sammelt oder wie der Fund beschaffen ist.

Material:
- je Kind eine Sammeltasche oder Behälter
- vorbereitete Suchliste mit Aufgaben, zum Beispiel:
  Findet …
  - etwas Frühlingshaftes/Sommerliches/Herbstliches/Winterliches
  - etwas Hartes
  - etwas mit einer Tierspur
  - etwas Dünnes
  - etwas Rundes
  - etwas Buntes
  - etwas Eckiges
  - etwas Weiches
  - etwas, wovon es 10 gibt
  - etwas Wertvolles
  - etwas Nasses
  - eine Frucht
  - etwas von einem Nadelbaum
  - etwas, was ein Zuhause sein kann

Und so geht's:

Wählen Sie vier Dinge auf der Liste aus, die die Kinder nun finden und in ihrem Behältnis einsammeln sollen. Es kann unterwegs oder an einem festen Platz gespielt werden. Alles soll so gesammelt werden, dass nichts in der Natur zerstört wird oder Tiere gequält werden. Nach der vereinbarten Zeit bauen die Kinder ihre Funde auf und zeigen sie sich gegenseitig. Welcher Fund ist für welche Eigenschaft gedacht und warum? Manches davon möchten die Kinder vielleicht mitnehmen und kann an einem „Museumsplatz" in der Einrichtung gesammelt werden. Beim nächsten Ausflug werden vier neue Dinge benannt.

Tipp:
Betrachten Sie nach mehreren Spielrunden die gesammelten Suchobjekte. Welche Veränderungen gibt es? Was wurde gefunden, was vorher noch nicht da war? Statt die Suchobjekte zu sammeln, können auch Fotos gemacht werden.

Petra Meyer

Blühen und Gedeihen

Überall wächst was
Aktion

Anzahl: beliebig

Alter: ab 5 Jahren

Zeitbedarf: längerer Zeitraum

Lernziele:
- Sachwissen über Obst, Gemüse und Landwirtschaft
- Freude an Gartenarbeit

© Petra Meyer

> Es ist manchmal erstaunlich, wo ein kleines Samenkorn gelandet ist und wie sich daraus eine neue Pflanze entwickelt. Diese Tatsache kann im Kindergarten umgesetzt werden, indem überall bunte Pflanzinseln mit Nutz- und Zierpflanzen entstehen, die von den Kindern gehegt und gepflegt werden. So erleben Kinder die gesamte Vielfalt des Pflanzenwachstums auf kleinstem Raum mit minimalem Aufwand.

Material:
- Blumentöpfe, Kisten und sonstige Gefäße
- Plastik(-müll)säcke
- Schere und Tacker
- Gießkannen
- Blumenerde und Sand
- Saatgut und Zwiebeln
- gereinigte Sprühflaschen von Putzmitteln
- Stäbe oder Stöcke

Und so geht's:

Vorbereitung:

In Lebensmittelmärkten oder auf dem Wochenmarkt erhalten Sie Holz- und Plastikkisten kostenlos und auch die Eltern werden Sie sicherlich mit ausrangierten Gefäßen und Sprühflaschen unterstützen.

Es ist sinnvoll Saatgut zu wählen, für das nicht unbedingt ein Grüner Daumen notwendig ist:

- → einjährige Blumensorten und -mischungen, die schnell keimen
- → Monatserdbeeren, die lange tragen
- → Pflück-, Kopfsalat und Radieschen zum schnellen Verbrauch in der Küche
- → Kräuter, die vom Beet genascht werden, obwohl sie nicht süß sind
- → Minitomaten in Rot und Gelb
- → Steckzwiebeln, die nach oben und unten gleichzeitig wachsen
- → Rankenpflanzen
- → Riesenpflanzen wie Sonnenblumen
- → Schmetterlings- und Vogelfutterblumen (ggf. Saatgut zum Anlocken von Vögeln)
- → frühe Saatkartoffeln

Durchführung:

In Gefäße ohne Loch kommt eine Schaufel Sand als Drainage. Kisten und andere Behälter werden mit Plastiksack-Folie ausgeschlagen (evtl. antackern), die vorher mit der Schere Schlitze zum Ablaufen des Gießwassers bekommt.
Die Kinder können nun alle Behältnisse mit Blumenerde füllen und diese leicht andrücken. Achten Sie darauf, dass ein Gießrand freigelassen wird.
Die Behältnisse sollten so verteilt werden, dass sie Sonne und Schatten haben, der Rasenmäher noch durchkommt und niemand darüber fallen kann. Gut sind Plätze an Hausmauern oder vor Hecken.

Nun kann nach Herzenslust gesät und gesteckt werden. Am sinnvollsten ist es, die Pflanzen eines Behälters als Gruppe zu gestalten. Das Saatgut bzw. die Pflanzen müssen gut angefeuchtet werden, das können Kinder am besten mit Sprühflaschen. Später können sie mit Gießkannen gießen.

Von den Kindern gestaltete Fähnchen zeigen an, was in den einzelnen Behältern wächst. Dazu werden die leeren Samentüten auf Stöcke bzw. Stäbe gesteckt und diese in der Erde befestigt. Ein Garten- und Gießdienst wird eingeteilt. Ernten und naschen können alle gemeinsam.

Petra Meyer

Blühen und Gedeihen

Der Wachs-O-Graph
Aktion

U3

Anzahl:
5-9 Kinder pro Gruppe

Alter:
ab 2 Jahren (Pflanzung und Beobachtung)
ab 4 Jahren (Dokumentation)

Zeitbedarf:
25 Minuten (Pflanzung)
21 Tage (tägliche Pflege und Protokoll)

Lernziele:
• Beobachtungsgabe
• Sachwissen über Natur und Pflanzen

> Pflanzen wachsen so langsam, dass man dies mit bloßem Auge nicht erkennen kann. Um das Wachstum von Pflanzen für Kinder konkret beobachtbar zu machen, empfehlen wir den Wachs-O-Graphen. Mit dessen Hilfe kann täglich abgelesen werden, welche Fortschritte die unterschiedlichen Pflanzen an einem einzigen Tag vollziehen. Ganz nebenbei erfahren die Kinder bei dieser Aktion zudem, auf welche Weise sich das Wachstum verschiedener Pflanzenarten vollzieht.

Und so geht's:

Vorbereitung:

1 Für den Wachs-O-Graphen versehen Sie die Holzstäbe mit einer Skala: Hierzu messen Sie an der Spitze einen Abstand von 3-4 cm ab und legen dort die Nulllinie mit einem wasserfesten Marker fest. Die Spitze wird im späteren Verlauf in die Erde gesteckt und die Nulllinie auf Höhe der Erdoberfläche ausgerichtet und fixiert. Zur späteren Messung der Wuchshöhe markieren Sie einige Zentimeter jeweils fortlaufend von der Nulllinie aus nach oben mit Strichen und Zahlen. Stellen Sie für jedes Haushaltsglas einen Wachs-O-Graphen her.

2 Wenn Sie mit den Kindern ein Protokoll des Projekts anfertigen wollen, können Sie dazu die entsprechende Kopiervorlage nutzen. Sie können die Protokolle in einer Klarsichtmappe abheften, zum Beispiel mit Fotos der wachsenden Pflanzen zusammen mit den Kindern bei der Gartenarbeit.

Material:
• **Kopiervorlage** ,Wachs-O-Graph' (QR-Code scannen oder unter www.kiga-plus-shop.de/pages/kopiervorlagen herunterladen)
• verschiedene schnell wachsende Pflanzensamen (z.B. Kresse, Gras, Weizen, Kapuzinerkresse, Minze, Bohnen, Trockenerbsen)
• etwa 5 durchsichtige Haushaltsgläser
• selbstklebende Etiketten
• Blumenerde und Wasser
• Holzstäbe (z.B. Schaschlikspieße)
• Rankhilfen wie Holz- oder Plastikstäbe
• Lineal und wasserfester Marker mit feiner Spitze
• Locher und Klarsichtmappe

Durchführung:

1 **Die Gläser werden zu ca. 3/4 mit Blumenerde befüllt. Die Kinder pflanzen die Samen oder Setzlinge nach Anleitung ein und bedecken sie mit lockerer Erde, die dann angefeuchtet wird.** Damit neben dem Wuchs in die Höhe auch das Wurzelwachstum zu beobachten ist, können Sie einen Teil der Samen nahe am Rand pflanzen. Mit einem selbstklebenden Etikett vermerken Sie den Namen der Pflanzen und deren Nummerierung im Protokollblatt am jeweiligen Glas. Zur besseren Unterscheidung können Sie eine einfache Skizze der gerade entstehenden Pflanze auf das Etikett zeichnen. Jedes Glas erhält außerdem einen Wachs-O-Graphen, der bis zur Nulllinie in die Erde eingesteckt wird. Denken Sie bitte daran, dass Rankenpflanzen wie Erbsen, Bohnen oder auch Kapuzinerkresse eine Kletterhilfe benötigen. In die Erde gesteckte Holzstäbe vereinfachen diesen wuchsfreudigen Pflanzen das In-die-Höhe-Wachsen.

2 **Damit die Aktion noch spannender wird, wetten die Kinder, welche Pflanze am meisten wachsen wird.** Die Kinder entscheiden sich für eine Pflanze und befestigen daraufhin ein selbstklebendes Etikett mit ihrem Namen an der Außenseite ihres Favoriten.

3 **Nun heißt es in den folgenden Tagen: geduldig sein. Während die Pflanzen nach Anleitung gepflegt und gegossen werden, nehmen die Kinder mögliche Veränderungen und Wuchsfortschritte der Pflanzen täglich unter die Lupe.** Beobachtete Veränderungen werden von den älteren Kindern der Gruppe im jeweiligen Wachstumsdiagramm festgehalten. Da die Kinder im Umgang mit Diagrammen wahrscheinlich noch ungeübt sind, bedarf es vorab einer kurzen Erläuterung. Erklären Sie den Kindern, dass es mit Hilfe eines Diagramms möglich ist, Entwicklungen auf einfache Weise festzuhalten. Bei dieser Aktion ist es beispielsweise so, dass die Pflanzen innerhalb der drei Wochen in die Höhe wachsen und deshalb die Kurven in den Diagrammen in gleicher Weise ansteigen. Stellen Sie den Kindern kurz an weiteren Beispielen dar, wozu Liniendiagramme dienen und wie sie gelesen und gedeutet werden und unterstützen Sie die jungen Forschenden, falls nötig, beim täglichen Eintragen der Wuchsfortschritte.

4 **Nach 21 Tagen findet ein Abschlusstreffen statt. Hierzu werden alle Pflanzen auf einem Tisch sowie deren dazugehörige Wachstumskurven präsentiert.** Die Kinder erläutern anhand der Aufzeichnungen, welche Pflanze als erste sichtbare Triebe zeigte, welche die 1 cm-Grenze zuerst überschritten hat und welche Pflanze letztendlich nach der Untersuchungszeit von drei Wochen mit den größten Wachstumsfortschritten glänzen kann. Selbstverständlich werden am Ende auch die Gewinner aus der Wachstumswette ermittelt. Dabei zeigt sich vielleicht auch, dass nicht unbedingt die Pflanze, die zuerst die „Nase" aus der Erde streckte, am Ende als Sieger aus dem Rennen gegangen ist.

Marion Demme-Zech

Blühen und Gedeihen

Farbenfrohe Blumenzwiebelbilder
Aktion

U3

Anzahl:
3-5 Kinder pro Gruppe

Alter:
ab 2 Jahren

Zeitbedarf:
Pflanzung: 20 Minuten
Pflege: 5 Minuten (2-mal wöchentlich)

Lernziele:
• Sachwissen über Natur und Pflanzen
• Freude an Gartenarbeit

» Wenn man ein paar Besonderheiten beachtet, so können Krokusse, Tulpen, Narzissen und Co. im frühen Frühjahr im Topf zuverlässig herangezogen werden und pünktlich mit ihren kräftigen Blütenfarben den Frühling einläuten. Geschickt angeordnet lassen sich mit verschiedenen Sorten und Farben sogar bunte Muster und einfache Formen gestalten.

Material:

- verschiedenartige und -farbige Blumenzwiebeln (Frühjahrsblüher wie Krokusse, Tulpen, Schneeglöckchen, Lilien, Blausternchen, Hyazinthen)
- Anzuchterde und Kies
- Handschaufel
- Sprühflasche
- Blumentöpfe mit Abzugsloch und Untersetzer
- Papier und Stifte
- Alu- oder Frischhaltefolie
- dunkle Folie zum Abdecken

Und so geht's:

Vorbereitung:

Frühjahrsblüher erhalten Sie in großer Auswahl in Gärtnereien und Gartenzentren sowie im Versandhandel. Wählen Sie am besten keine ausgefallenen Sorten, sondern eher preiswerte, unempfindliche und pflegeleichte Arten wie Krokusse, Tulpen oder Hyazinthen für Ihre ersten Pflanzversuche.

Da die Blumenzwiebeln der Frühjahrsblüher eine Kühlphase benötigen, um im Frühling üppig zu blühen, müssen die Zwiebeln „überlistet" werden. Der kühle Winter lässt sich am besten im Kühlschrank nachahmen. Hierzu wickeln Sie die Zwiebeln in Alu- oder Frischhaltefolie ein und bewahren sie vor dem Pflanzen für etwa zwei Wochen im Kühlschrank auf.

Durchführung:

1 **Entscheiden Sie vorab gemeinsam mit den Kindern, welche Pflanzen in welchen Farbtönungen Sie in welchen Topf pflanzen möchten.** Zudem gilt es gemeinsam zu beraten, ob sie mit den Zwiebeln eine bestimmte Form oder ein buntes Muster gestalten möchten. Bei älteren Kindern kann es hilfreich sein, hierzu vorher eine farbige Skizze zu entwerfen, mit deren Hilfe es möglich ist, sich die spätere Anordnung und farbliche Gestaltung genauer vorzustellen. Sehr hübsch anzuschauen sind beispielsweise Arrangements in einem Ton mit farblichen Abstufungen oder eine Mischung aus zwei Farbtönen mit eher niedrigen und einigen hohen Pflanzen in der Topfmitte.

2 **Sobald Sie sich auf diese Weise auf verschiedene Pflanzvarianten für die vorhandenen Blumentöpfe geeinigt haben, steht daraufhin das Setzen der Zwiebeln an.** Damit sich im Topf keine Staunässe bildet und die Zwiebeln beginnen zu faulen, geben Sie gemeinsam mit den Kindern etwa 2-3 cm Kies in den Topf und füllen erst dann die Blumenerde ein. Zwischendurch feuchten die jungen Gärtnerinnen und Gärtner mithilfe einer Sprühflasche die eingefüllte Erde schichtweise leicht an. Die maßvolle Feuchtigkeit der Erde ist notwendig, damit die Zwiebeln in den nächsten Wochen schnell bewurzeln.

Die verschiedenen Zwiebeln werden je nach Sorte in verschiedene Tiefen gesetzt. Die genaue Setztiefe ist meist auf der Verpackung abzulesen. Während Narzissen beispielsweise in einer der tieferen Schichten angesiedelt sind, bilden Krokusse meist die Abschlussebene, die lediglich noch mit etwas lockerer Erde bedeckt wird.

Erklären Sie den Kindern, dass die Zwiebeln immer in etwas Abstand zueinander und mit der Spitze nach oben in die Erde gesetzt werden.

Zudem ist es wichtig darauf zu achten, diese möglichst aufrecht einzupflanzen und vorsichtig in die Erde zu stecken, um den Zwiebelboden mit seinen feinen Wurzeln nicht zu verletzen. Abschließend wird die Zwiebel leicht angedrückt und mit etwas Erde bedeckt.

3 **Den fertig bepflanzten Topf stellen Sie in einen kühlen und dunklen Raum (etwa 5-10 °C) und bedecken ihn mit einer dunklen Folie.** In den nächsten Wochen muss der Frühlingstopf regelmäßig gegossen werden. Nach etwa vier bis fünf Wochen werden sich erste gelbgrüne Triebe zeigen, die noch einige Zentimeter in die Höhe wachsen müssen, bevor der Topf bei Zimmertemperatur ins Haus einziehen darf. An frostfreien Tagen können die Pflanzen selbstverständlich auch die frische Frühlingsluft genießen und an einem geschützten Platz in ihren herrlichen Farben den Frühling einläuten.

Variation:

Noch dekorativer sieht Ihre kleine Frühlingslandschaft aus, wenn Sie für Ihre Frühjahrsblüher statt eines gewöhnlichen Blumentopfs ausgediente Behälter wie alte Tassen, Gießkannen, Müslibecher, Schalen, Töpfe, Eimer, große Dosen o.Ä. nutzen. Sie sollten lediglich darauf achten, dass sich im Alternativ-Topf keine Staunässe bildet, denn die mögen Zwiebelpflanzen ganz und gar nicht. In Dosen, Bechern und Eimern aus Blech oder Plastik sollten Sie deshalb mit Hilfe eines Nagels oder einer Prickelnadel kleine Löcher stanzen und den Behälter auf einen passenden Untersetzer stellen. Je nachdem können die Kinder die improvisierten Blumentöpfe auch mit Farbe und Pinsel ausgestalten.

Marion Demme-Zech

alle Fotos: © Marion Demme-Zech

Blühen und Gedeihen

Fensterbank-Wiese
Aktion

Anzahl: max. 6 Kinder

Alter: ab 4 Jahren

Zeitbedarf: 1 Stunde (+ Beobachtung und Gießen)

Lernziele:
- Sachwissen über Pflanzen
- Freude an Gartenarbeit
- Beobachtungsgabe

© Petra Meyer

> Eine eigene Wiese auf der Fensterbank im Gruppenraum ist etwas ganz Besonderes. Zuerst wird täglich das Wachsen von kleinsten Samenkörnern bis zur Wiese beobachtet und dann darin Gebasteltes präsentiert.

Material:
- fester Müllsack
- Klarsichtfolie
- Schere und Klebefilm/doppelseitiges Klebeband
- feste Pappe
- Anzuchterde
- Sprühflasche mit Wasser
- Grassamen oder Weizensaat

Und so geht's:

Vorbereitung:

1. Suchen Sie eine breite Fensterbank aus. Achten Sie darauf, dass sich das Fenster nach Bepflanzung noch öffnen lässt. Der Müllsack dient als Unterlage. Schneiden Sie ihn passend zur Fensterbankbreite und -tiefe zu und befestigen ihn von unten mit Klebefilmröllchen oder doppelseitigem Klebeband.

2. Schneiden Sie feste Pappe in ca. 10 cm breite Streifen und knicken sie mittig der Länge nach. Schieben Sie nun eine Hälfte als Rand unter den Müllbeutel, sodass die Fläche ringsherum außen begrenzt ist. Gegebenenfalls sollten Sie den Rand zusätzlich mit Klebefilm fixieren. So kann die ca. 2 cm hoch eingefüllte Erde nicht herausfallen.

3. Klopfen Sie die Erde vorsichtig fest und sprühen sie mit Wasser an. Die Kinder helfen dabei.

Durchführung:

Geben Sie den Kindern Zeit, sich das Saatgut genau anzusehen. Lassen Sie sie die Samen genau betrachten, fühlen und durch die Finger rinnen. Danach können die Kinder die Gras- oder Weizensamen gleichmäßig auf der Fläche ausstreuen und nochmals besprühen.
Damit die Fläche nicht austrocknet, wird diese locker mit Klarsichtfolie abgedeckt, die zum täglichen Besprühen kurz abgenommen wird. Ist das gekeimte Saatgut deutlich sichtbar, kann sie weggenommen werden. Nun ist es wichtig, das richtige Maß an Feuchtigkeit einzuschätzen und täglich zu überprüfen.

Tipps:
- Ein Heizkörper unter der Fensterbank sollte möglichst abgestellt sein; die Wärme der Scheibe reicht aus.
- Mit der grasbewachsenen Fensterbank lässt sich ganz hervorragend spielen. Haben sich dort etwa kleine Figuren versteckt? Aus dem Mikrokosmos kann in der Sicht der Kinder eine ganze Welt werden!

Petra Meyer

Blühen und Gedeihen

Kresse mit Herz
Gestaltung

U3

Anzahl: beliebig

Zeitbedarf: 15-20 Minuten (+ tägliche Pflege)

Alter:
ab 2 Jahren (Einsäen der Kresse)
ab 4 Jahren (Basteln der Herzform)

Lernziele:
- Beobachtungsgabe
- Freude an Gartenarbeit
- Gesunde Ernährung

© Marion Demme-Zech

Material:
- **Kopiervorlage** ‚Kresse-Herz' (QR-Code scannen oder unter www.kiga-plus-shop.de/pages/kopiervorlagen herunterladen)
- Kresse-Samen
- Tonkartonreste
- Alufolie
- Watte
- Klebstoff
- Sprühflasche mit Wasser
- Plakat- oder Tonkarton und Tonpapier in unterschiedlichen Rottönen
- Bleistift
- Zahnstocher

» Statt Pralinen gibt es dieses Jahr frisches, gesundes Grün in Herzform zum Mutter- oder Vatertag. Dies bereitet den Eltern und Kindern viel Spaß, denn Kresse zu pflanzen ist ein kinderfreundliches Vergnügen: Erste Austriebe sind nach wenigen Tagen zu erspähen, der Pflegeaufwand ist gering und die Ernte erfolgt schon nach acht bis zehn Tagen.

Und so geht's:

Nutzen Sie die Kopiervorlage, um eine Herzform in der gewünschten Größe mit dem vorgezeichneten Rand zum Umknicken auszuschneiden. Schneiden Sie den Rand für die beiden Rundungen zusätzlich aus und knicken Sie ihn am Falz ein. Der Rand wird dann zickzackförmig eingeschnitten und mit Klebstoff an der großen Herzform befestigt. Legen Sie die so entstandene Herzschachtel mit mindestens zwei Schichten Alufolie aus und kleben diese fest. Die älteren Kinder können diesen Bastelschritt selbst durchführen, den Kleinsten sollten Sie die fertige Form einfach zur Verfügung stellen. Achten Sie darauf, dass die Alufolie von den jungen Bastlern dicht ausgelegt wird, damit das Gießwasser den Karton später nicht aufweicht.

Daraufhin lassen Sie die Kinder die Herzform etwa 1 cm hoch mit Watte befüllen. Die Watte wird dann mit der Sprühflasche mäßig angefeuchtet und gleichmäßig mit Kresse-Samen bestreut.

Durch das Wasser quillt der Kresse-Samen auf und wird bereits nach einigen Tagen austreiben. Stellen Sie die Kresseherzen an einem hellen, warmen Ort auf. Halten Sie die Kresse-Samen in den nachfolgenden Tagen mit der Sprühflasche beständig leicht feucht.

Die Kinder dekorieren die frischgrüne Fläche noch mit leuchtend roten Mini-Herzen. Mit der Kopiervorlage können Sie Schablonen für die Mini-Herzen erstellen. Lassen Sie die Kinder Herzen aus rotem Tonpapier ausschneiden und am eingezeichneten Falz zusammenfalten. An der Knickstelle wird ein Zahnstocher eingelegt und mit Klebstoff befestigt. Die winzigen Herzfähnchen können nun nach Belieben in den Kresserasen hineingesteckt werden. Nach etwa acht bis zehn Tagen ist die Kresse reif zur Ernte und kann den Eltern zu ihrem großen Tag überreicht werden.

Marion Demme-Zech

Blühen und Gedeihen

Frühlingsfrühstück
Aktion

Anzahl: Gesamtgruppe

Alter: ab 3 Jahren

Zeitbedarf: ca. 1,5 Stunden

Lernziele:
- Umgang mit Lebensmitteln
- Essenszubereitung
- Gruppengefühl und Teamfähigkeit

> Ein gemeinsames Frühstück ist ein großartiger Start in den Tag. Basteln Sie mit den Kindern frühlingshafte Tischdekorationen und bereiten zusammen das Essen vor. Dabei lernen die Kinder, was alles für ein gesundes Frühstück benötigt wird. Die Tischdekorationen können gut einzeln vorbereitet und zur Einzelaktion werden.

I. Tischdekoration

1. Tischdecken

Material:
- Frühlingsblumen in Tontöpfen
- Servietten mit Frühlingsmotiven
- Krepp-Papier in Grün

Und so geht's:

Das Krepp-Papier bildet einen Läufer in der Mitte der aneinandergestellten Tische. Die Servietten (pro Tisch eine Serviette) werden aufgefaltet und mittig auf den grünen Läufer gelegt. Die Blumen stellen die Kinder auf die Servietten.

2. Tischsets

Material:
- weiße DIN-A4-Blätter
- Laminiergerät und Folien (in Erwachsenenhände)
- Fingerfarben und Pinsel
- wasserfester Folienstift

Und so geht's:

Die Kinder malen ihr eigenes Frühlingsbild auf das Blatt. Dies wird im Anschluss laminiert. So hat jedes Kind sein eigenes Tischset. Auf die Rückseite schreiben Sie anschließend mit dem wasserfesten Stift den Namen des Kindes; ältere Kinder können sie auch selbst signieren. Die Tischsets werden an die Plätze der Kinder gelegt.

3. Marienkäfer

Material:
- runde Steine
- Farbe in Rot und Schwarz
- Pinsel

Und so geht's:

Sammeln Sie auf einem Spaziergang mit den Kindern runde Steine. Die Kinder malen die Steine rot an und lassen sie anschließend trocknen. Im oberen Drittel wird quer ein schwarzer Strich gezogen. Von diesem Querstrich wird mittig eine Linie nach unten gemalt, so entstehen die Flügel. Im oberen Teil werden Augen ergänzt. Die Flügel werden mit schwarzen Punkten verziert. Die Marienkäfersteine werden beliebig auf dem Tisch verteilt.

4. Perlenraupen

Material:
- Bindfaden
- Holzperlen in unterschiedlicher Größe
- je Kind eine etwas größere Holzperle in Naturfarbe als Kopf
- wasserfester Stift in Schwarz

Und so geht's:

Die Perlen werden auf einen Bindfaden aufgezogen. Gegebenenfalls können Sie den Kindern mit der ersten Perle helfen. Zuerst wird die große Holzperle aufgefädelt, dann folgen die weiteren gleich großen und kleineren Perlen. Abschließend wird das Ende des Fadens verknotet und auf die erste große Holzperle ein Gesicht gezeichnet. Die Perlenraupen werden ebenfalls beliebig auf dem Tisch verteilt.

II. Frühstück

1. Schmetterlingsbrote

© Redaktion

Material:
- Brot
- Aufstriche (Butter, Margarine, Frischkäse, Remoulade, Tomatenmark etc.)
- Aufschnitt (Wurst, Käse, pflanzliche Alternativen)
- Bananen und Kiwis/Paprika
- scharfe Messer
- Streichmesser
- Teller oder Brettchen

Zubereitung:

Die Bananen werden von den Kindern geschält und längs halbiert. Das Brot wird mit einem Messer in eine Flügelform gebracht, dabei dienen je zwei Scheiben als Flügel. Die Flügelbrote werden dann nach Geschmack belegt. Mit den Aufstrichen können die Flügelbrote verziert werden. Die Kiwi/der Paprika wird in Spalten geschnitten. Die Bananenhälfte wird mittig auf einem Teller platziert, die Brotflügel links und rechts daneben. Die Kiwispalten dienen als Fühler.

2. Rohkostblumen

Material:
- Salatgurke
- Tomaten
- Radieschen
- Möhren
- Kohlrabi
- Paprika
- große Teller oder Platten
- Schneidebrettchen und Schneidemesser

Zubereitung:

Zeigen Sie den Kindern, wie Gemüse richtig und sorgfältig gewaschen wird. Die Rohkost wird nun gegebenenfalls geschält und entkernt. Dann legen die Kinder Blumen aus der Rohkost. So werden Salatgurkensticks zu Stielen, Kohlrabi zu Blättern, Tomaten-Viertel und Paprikascheiben mit einer halbierten Radieschenkugel zur Blüte. Die Kinder haben bestimmt tolle Ideen und bekommen Appetit auf das lecker angerichtete Gemüse.

3. Obstraupen

Material:
- dunkle und helle Trauben
- Physalis (je nach Anzahl der gewünschten Raupen)
- lange Holzspieße

Zubereitung:

Die Physalis wird von den Blättern getrennt und als Kopf auf den Holzspieß gesteckt, dahinter folgen helle Trauben bis zum Ende des Spießes. Anschließend wird dasselbe mit den dunklen Trauben durchgeführt. Alternativ können die Trauben auch abwechselnd aufgespießt werden. Lassen Sie die Kinder dies selbst nach ihrem eigenen Geschmack aussuchen.

Marieke Göttlicher

alle Fotos: © Redaktion

Blühen und Gedeihen

Brennnesselbrotaufstrich
Rezept

Anzahl: 10 Kinder
Alter: ab 3 Jahren
Zeitbedarf: 30 Minuten

Lernziele:
- Sachwissen über Pflanzen und Lebensmittel
- Freude am Kochen

» Jedes Kind hat schon einmal unangenehme Erfahrungen mit Brennnesseln gemacht. Doch hier kommt die Überraschung: Werden sie blanchiert, „brennen" sie nicht mehr und schmecken auch noch richtig gut.

Material:
- Gartenhandschuhe für Kinder und Erwachsene
- Wasserkocher
- Pürierstab und Schüssel
- Löffel, Schneidemesser und Schneidebrett

Zutaten:
- 1 Handvoll Blätter von jungen Brennnesseln
- 250 g Quark oder Schichtkäse
- 2 EL Buttermilch
- Salz und Pfeffer
- Zitronensaft nach Geschmack
- 1 Knoblauchzehe
- Baguette oder anderes Brot

Und so geht's:

Vorbereitung:

Machen Sie mit den Kindern einen Spaziergang zu einem Ort, an dem Brennnesseln wachsen. Gemeinsam pflücken Sie nun junge Brennnesseln, deren Blätter noch recht klein sind. Dabei nicht vergessen die Handschuhe anzuziehen, da auch schon junge Brennnesseln „brennen". Lassen Sie die Kinder langärmelige Hemden und lange Hosen tragen, damit beim Kontakt mit den Nesseln keine Unfälle passieren.

Durchführung:

1. Erzählen Sie den Kindern, dass Brennnesseln nach dem Blanchieren nicht mehr „brennen". Blanchieren bedeutet, dass die Blätter nur kurz mit heißem Wasser abgebrüht werden. Beim späteren Geschmackstest sollten Sie als Vorbild fungieren, um den Kindern die Angst zu nehmen.

2. Die Blätter werden von den Stielen gezupft und in eine Schüssel gegeben, dabei werden immer noch Handschuhe getragen. Die Brennnesseln werden nun unter fließendem Wasser gewaschen. Vorsicht, nicht mit bloßen Händen!

3. Dann kochen Sie Wasser im Wasserkocher und übergießen die Blätter damit, bis sie gut bedeckt sind. Durch das heiße Wasser verlieren die Brennhaare ihre unangenehme Wirkung. Lassen Sie die Blätter nun auskühlen. Jetzt können die Kinder helfen: Drücken Sie die Blätter etwas aus und pürieren Sie sie. Mischen Sie nun Quark mit Buttermilch, einer gehackten Knoblauchzehe, etwas Zitronensaft und würzen das Ganze mit etwas Salz und Pfeffer. Mischen Sie das Püree aus Brennnesseln darunter.

4. Dazu schmeckt warmes, frisches Baguette. Richten Sie alles gemeinsam an. Sicher werden die Kinder überrascht sein, wie gut die gefürchtete Pflanze schmeckt.

Kirsten Maron

Blühen und Gedeihen

Knospen-Daumenkino
Gestaltung

Anzahl: Kleingruppe

Alter: ab 4 Jahren

Zeitbedarf: 5 Minuten über mehrere Tage

Lernziele:
- Feinmotorik fördern
- Schneiden üben
- Kreativität
- Medienkompetenz

> In der heutigen Zeit ist es für Kinder ganz normal mit vielfältigen Medien wie Fernsehern, Computern, Handys oder Tablets aufzuwachsen. Sie lernen schnell mit diesen Medien umzugehen und sie für sich einzusetzen. Für die Fotodokumentation machen sich die Kinder dieses Wissen zunutze und halten die Veränderungen in der Natur mit Handy oder Tablet fest.

Material:
- Digitalkamera, Handy oder Tablet mit Kamerafunktion
- beliebige Knospe von einem Baum oder Strauch
- festes Papier
- Klebstoff und Klebefilm
- Tacker

Und so geht's:

Die entdeckte und von den Kindern ausgewählte Knospe wird jeden Tag ein- bis zweimal fotografiert. Achten Sie darauf, dass die Kinder das Foto möglichst immer aus der gleichen Position aufnehmen. So entsteht eine Dokumentation bis zur vollständig geöffneten Blüte.

Drucken Sie die Fotos auf festem Papier aus. Ein kleines Format (10 x 5 cm) reicht völlig aus.

Wenn die Fotos ausgedruckt sind, werden sie übereinandergelegt und seitlich aneinandergeklebt. Zusätzlich werden die Bilder, an der zusammengeklebten Stelle getackert. Zum Schutz vor Verletzungen bietet es sich an, Klebefilm über die getackerte Stelle zu kleben.

Nachdem der Klebstoff getrocknet ist, kann die Vorstellung im Daumenkino beginnen: Die Kinder blättern mithilfe des Daumens schnell durch ihre Knospen-Dokumentation und können bestaunen, wie die Knospe vor ihren Augen wächst und erblüht.

Tipp:
Suchen Sie zwei Knospen aus, die von den Kindern fotografiert werden, falls eine der Knospen nicht aufblüht oder beschädigt wird.

Marieke Göttlicher

Blühen und Gedeihen

Wenn Blumen wachsen
Klanggeschichte

Anzahl: Gesamtgruppe

Alter: ab 3 Jahren

Zeitbedarf: 10 Minuten

Lernziele:
- Aufmerksamkeit und Konzentration
- Musikalisches Verständnis

» Wenn im Frühling alles erwacht, dann sind auch bald die ersten Blumen zu entdecken. Dass nicht alle Blumen gleichzeitig wachsen, soll diese kleine Klanggeschichte den Kindern verdeutlichen. Hierbei können die Kinder Gehörtes in Aktion umsetzen und selbst Blumen wachsen lassen.

© Sabrina Neumann

Material:
- Xylophon
- farbiges Seidentuch je Kind

Und so geht's:

Vorbereitung:

Das Xylophon wird bereitgestellt. Erklären Sie den Kindern als Einstieg, was für ein Instrument es ist und welche Töne man damit spielen kann.

Jedes Kind bekommt ein Seidentuch, das es in seiner Hand versteckt.

Streichen Sie einmal von den tiefen Tönen bis zu den hohen Tönen über das Xylophon, also eine komplette Tonleiter. Dabei erklären Sie, dass die Blumen (Tücher) durch die Töne wachsen können. Die Kinder sollen im Tempo der Musik ihre Blume wachsen lassen, indem sie langsam die Hand öffnen, sodass das Tuch zum Vorschein kommt. Manchmal geht das ganz schnell und manchmal brauchen Blumen viel Zeit.

Bevor es richtig losgeht, darf jedes Kind eine Blume zur Probe wachsen lassen.

Durchführung:

Wenn es im Frühling wärmer wird und die Sonne scheint, beginnen die Blumen zu wachsen. Erst keimt der Samen und die Blume beginnt unter der Erde zu wachsen. Doch dann auf einmal bricht sie durch die Erde.
auf das jeweilige Kind zeigen, dessen Blume jetzt an der Reihe ist

Manche Blumen wachsen schnell.
schnelle Bewegung übers Xylophon

Bei manchen Blumen muss man viel Geduld haben.
langsame Bewegung übers Xylophon

So werden alle Blumen nach und nach wachsen. Jetzt haben wir eine schöne Blumenwiese vor uns.

Nach einer Runde, in der Sie gespielt haben, können jetzt die Kinder nacheinander das Xylophon spielen.

Variation:

Wenn Tücher in mehreren Farben zur Verfügung stehen, können auch bestimmte Blumen gleichzeitig wachsen.

Sabrina Neumann

Blühen und Gedeihen

Blumenbilder aus Saatgut
Gestaltung

Anzahl: Kleingruppe

Alter: ab 4 Jahren

Zeitbedarf: 30 Minuten

Lernziele:
- Sachwissen über Pflanzen
- Freude an Gartenarbeit

> Blumen, Gräser, Kräuter und andere Pflanzen haben verschiedenes Saatgut, welches im Frühling fleißig in die Erde gebracht wird. Jedes Saatgut sieht anders aus. Um den Kindern eine Vorstellung von den verschiedenen Samen und Blumenzwiebeln zu vermitteln, bietet sich eine Gegenüberstellung des Saatguts an. Aus den diversen Samen und Zwiebeln entsteht ein schönes Blumenbild.

Material:
- DIN-A3-Blätter in Weiß
- Wachsmalstifte
- Klebstoff und Klebefilm
- verschiedene Samenarten, davon mehrere Tütchen (z.B. Basilikumsamen oder Grassamen)
- verschiedene Blumenzwiebeln, wie z.B. Tulpe oder Narzisse
- ggf. Vorlage für eine Blume
- mehrere Schälchen

Und so geht's:

Vorbereitung:

Im Vorfeld schauen sich die Kinder die Samen und Blumenzwiebeln der unterschiedlichen Pflanzen an.

Sprechen Sie mit den Kindern über die daraus entstehenden Pflanzen.

Bei den Zwiebeln beschränken Sie sich auf zwei verschiedene, da sie nicht so leicht aufzukleben sind. Sie eignen sich jedoch als Mitte der Blüte.

Das Saatgut wird auf mehrere Schälchen verteilt und die Verpackungen der Samen und Blumenzwiebeln daran geklebt, um für weitere Aktivitäten nicht durcheinander zu kommen und die Saat weiterhin bestimmen zu können.

Durchführung:

I. Blumenbilder

1 Auf ein Blatt im DIN-A3-Format wird von den Kindern eine große Blume gemalt. Achten Sie darauf, dass der Stängel der Blume aus zwei Strichen besteht und dazwischen Raum zum Bekleben bleibt.

2 Die Kinder verteilen den Klebstoff auf der Fläche, auf der sie den Samen verteilen möchten. Der Klebstoff muss flächenartig verteilt werden, damit der Samen überall haften bleibt. Anschließend wird der Samen vorsichtig auf den Klebstoff geschüttet. Lose Samen, die vom Kleber nicht erfasst wurden, fallen automatisch ab und können in den Schälchen aufgefangen werden.

II. Gegenüberstellung: Saat und Pflanze

1 Besprechen Sie im Anschluss mit den Kindern die verschiedenen Sorten Saatgut. Was wird aus den Körnern und den Zwiebeln? Zeigen Sie den Kindern Bilder von den Pflanzen, sonst haben sie keine Vorstellung davon. Achten Sie auf leicht zu malende Pflanzen.

2 Nach dem Besprechen einer Pflanze wird diese von den Kindern mit Wachsmalstiften gemalt. So malen die Kinder zum Beispiel die Tulpe und kleben eine Tulpenzwiebel an den unteren Teil der entstandenen Blume.

Das beschriebene Prinzip anhand der Tulpe können Sie auf jegliche Pflanzenarten übertragen. Erst wird immer die Pflanze besprochen und angeschaut, ob in der Natur oder als Bild, dann gemalt und zum Schluss das Saatgut an den unteren Teil des Bildes geklebt.

alle Fotos: © Marieke Göttlicher

Tipps:
- Bei den jüngeren Kindern, die noch nicht in der Lage sind, ihre Blume selbst aufzumalen, sollten Sie eine Vorlage bereithalten.
- Wenn Sie die Aktivität mit mehr als sechs Kindern durchführen möchten, sollten Sie auf kleinere Blätter umsteigen, sonst müssen Sie zu viele Samen oder Zwiebeln kaufen.

Marieke Göttlicher

Blühen und Gedeihen

Frühlingsgenüsse
Rezepte

Anzahl:
4-6 Kinder

Alter:
ab 3 Jahren

Zeitbedarf:
je ca.
30 Minuten

Lernziele:
• Freude am Kochen
• Sachwissen über Pflanzen und Kräuter

» Es bereitet Kindern immer wieder Freude, Pflanzen selbst zu sammeln und nach einer einfachen Zubereitung gemeinsam zu verspeisen. Da die Zubereitung einfach und schnell geht, können Sie die Kinder daran beteiligen. Besonders spannend wird es für sie, wenn sie die Kräuter selbst in einem Beet in der Kita anpflanzen.

I. Grüne Soße

Die Grüne Soße aus frischen Kräutern wird zu kleinen Pellkartoffeln gegessen. Die sieben Gartenkräuter, die die südhessische Soße ausmachen sind: **Sauerampfer, Kresse, Schalotten, Pimpinelle, Borretsch, krause Petersilie und Schnittlauch**. In Nordhessen wird anstatt **Kresse Dill** verwendet. Es können aber auch Wildkräuter wie **Gänseblümchenblätter, Giersch, Vogelmiere und Löwenzahn** verwendet werden.

Material:
• Topf mit Wasser
• Schüssel
• Brettchen und Messer
• Löffel und Gabel

Zutaten:
• 4 Eier, hart gekocht
• 300 g frische Kräuter (s.o.)
• 500 g Magerquark
• 100 ml Milch
• Senf, Salz, Pfeffer und evtl. Zitronensaft
• kleine Pellkartoffeln

Und so geht's:

1. Kochen Sie die Eier, schrecken sie mit kaltem Wasser ab und lassen sie danach abkühlen. Die Kinder pellen die hartgekochten Eier, schneiden sie mit einem Buttermesser in kleine Würfel und geben sie in eine Schüssel.

2. Waschen Sie die Kräuter sorgfältig und helfen den Kindern, die Kräuter fein zu hacken.

3. Helfen Sie beim Abmessen der Mengen für Quark und Milch und geben sie zu Eiern und Kräutern. Schmecken Sie die Mischung mit Senf, Salz, Pfeffer und etwas Zitronensaft ab.

4. Kochen Sie die Pellkartoffeln ca. 20 Minuten in Salzwasser, schälen sie und servieren sie zur Grünen Soße.

II. Brennnesselpfannkuchen

Junge Brennnesseln haben viele wertvolle Inhaltsstoffe und sind sehr gesund.
Viele Kinder denken, Brennnesseln könne man nicht essen, die Pfannkuchen schmecken jedoch lecker und brennen gar nicht.

Material:
- Handschuhe, Plastiktüte und Nudelholz
- Schere oder Messer
- Schneebesen
- Sieb
- Schüssel und Löffel
- Pfanne und Pfannenwender
- Küchenwaage, Messbecher

Zutaten:
- 300 g junge, frisch gesammelte Brennnesselblätter
- 600 g Vollkornmehl
- 1 Ei, getrennt
- 360 ml Mineralwasser
- Öl
- Salz und Pfeffer

Und so geht's:

1. Gehen Sie mit den Kindern nach draußen, um junge Brennnesselblätter zu sammeln. Achten Sie dabei auf Schutzhandschuhe und lange Kleidung.

2. Ziehen Sie die Handschuhe an und schneiden die Brennnesselblätter mit einer Schere ab. Ältere Kinder können Ihnen dabei helfen. Spülen Sie die Blätter in einem Sieb unter Wasser ab und schütteln sie anschließend trocken.

3. Gemeinsam wiegen Sie mit den Kindern die Zutaten ab und geben Mehl, Eigelb, Salz, Pfeffer und Mineralwasser in eine Schüssel. Mit dem Schneebesen wird alles vermischt und 30 Minuten ruhen gelassen.

4. Die Brennnesselblätter werden mit Handschuhen in die Plastiktüte gefüllt. Durch das Plattrollen mit dem Nudelholz, werden die feinen Härchen der Blätter zerdrückt, sodass sie nicht mehr brennen. Mit einem Messer oder einer Schere schneiden sie die Blätter in schmale Streifen.

5. Das Eiweiß wird zu Eischnee geschlagen und mit den Brennnesseln unter den restlichen Teig gemischt.

6. Erhitzen Sie etwas Öl in einer Pfanne. Backen Sie kleine Pfannkuchen esslöffelweise aus und servieren diese direkt.

Petra Meyer

Blühen und Gedeihen

Frühlingsboten
Gestaltung

Anzahl: Gesamtgruppe

Alter: ab 3 Jahren

Zeitbedarf: 20 Minuten

Lernziele:
- Handmotorik
- Gemeinschaftsgefühl
- Empathie

> Wir brauchen Menschen, die einander helfen, die freundlich miteinander umgehen, die sich um andere kümmern. Es ist schön, wenn Kinder dies schon frühzeitig erfahren und freundlich sowie fürsorglich mit anderen Menschen umgehen. Gestalten Sie darum mit den Kindern frühlingshafte Grüße für Freunde und Familie.

© Marieke Göttlicher

Material:
- Tonkarton in Grün, Gelb, Rot, Blau und Orange
- Schleifenband
- Filzstifte
- Scheren oder Prickelnadeln
- Laminiergerät mit Folien (in Erwachsenenhände)
- Locher

Und so geht's:

Für die Frühlingsboten malen die Kinder eine Blüte, einen Stängel und ein Blatt auf einem Tonkarton auf, schneiden oder prickeln diese aus und kleben die Teile zusammen.

Mit einem Locher wird in die Blüte ein Loch gestanzt und ein Band hindurchgezogen.

Gemeinsam werden gute Wünsche für die Frühlingsboten überlegt und auf die Blumen geschrieben. Hierbei helfen Sie den Kindern.
Für die jüngeren Kinder übernehmen Sie das Schreiben, bei den älteren Kindern kann der gemeinsam überlegte gute Wunsch vorgeschrieben und anschließend von den Kindern abgeschrieben und somit auf die Blume übertragen werden. Geschenkt werden die Frühlingsboten mit den guten Wünschen an geliebte Menschen. Laminiert leben die Frühlingsboten länger!

Variation:
Eine Wanderung eignet sich besonders gut für diese Aktivität. Die Kinderwünsche werden an einen Baum aufgehängt, dort nehmen sich die vorbeigehenden Leute einen Frühlingsboten mit. Ein Seniorenheim in der Nähe wäre auch eine schöne Anlaufstelle. Auch hier das Laminieren nicht vergessen, um die Boten vor Nässe zu schützen.

Marieke Göttlicher

Im Tierreich

Kleiner Igel, wach auf!
Kreisspiel

Anzahl: mindestens 8 Kinder

Alter: ab 2 Jahren

Zeitbedarf: ca. 5 Minuten pro Durchgang

Lernziele:
- Musikalische Erziehung
- Übung mit Instrumenten

> Der kleine Igel ist ein Langschläfer und noch nicht wieder aus dem Winterschlaf erwacht. Die Kinder dürfen ihn mit gezielten Klängen wecken.

Material:
- einfaches Instrument je Kind (z.B. Rassel, Klangstäbe, Handtrommel, Zimbel, Glocke)
- mehrere Kissen

Und so geht's:

Die Kinder sitzen im Kreis. Bestimmen Sie ein Kind, das den Igel spielt. Der kleine Igel liegt mit leichten Kissen (Laub) bedeckt in der Kreismitte. Er hat die Augen geschlossen.

Sprechen Sie den kurzen Einleitungstext:
Der Winter ist schon lange zu Ende, auf der Wiese blühen Tulpen und Krokusse. Der Frühling hat begonnen. Vater und Mutter Igel sind aus dem Winterschlaf erwacht. Aber der kleine Igel schläft immer noch. Vielleicht schaffen wir es, ihn aufzuwecken?

Die Kinder dürfen reihum ihr Glück versuchen. Das Kind, das an der Reihe ist, ruft: „Kleiner Igel, wach auf!"

Danach spielt es einige Klänge auf seinem Instrument. Der Igel aber dreht sich um und schläft weiter. Nachdem das letzte Kind an der Reihe war, rufen alle Kinder gemeinsam und spielen gleichzeitig auf ihren Instrumenten. Davon wird der kleine Igel nun endlich wach. Er tappt zu einem Kind im Kreis. Dieses Kind wird der neue Igel.

Variation:
Die Kinder versuchen den kleinen Igel mit körpereigenen Instrumenten aufzuwecken (z.B. mit Klatschen, Pfeifen, Stampfen, Bellen, Schnalzen).

Claudia Höly

Im Tierreich

Besuch aus den Bäumen
Fingerspiel

Anzahl: beliebig

Alter: ab 3 Jahren

Zeitbedarf: wenige Minuten

Lernziele:
- Sprachkompetenz
- Motorik

» Vom Dach kommen seltsame Geräusche. Erfahren die Kinder im Fingerspiel, welcher Vogelfreund bei ihnen eingezogen ist?

Und so geht's:

Erst machen die Kinder nur das Gestenspiel mit. Durch mehrmaliges Wiederholen wird sich nach und nach auch der Text einprägen und mitsprechen lassen.

Es rappelt und zappelt bei mir im Dach.
Wenn ich hier im Zimmer sitze,
dann hör ich Geräusche seit Tagen schon,
dort unter der Giebelspitze.
mit den Händen Spitzdach über dem Kopf formen

Das Haus ist noch neu und das Dach ist heil.
Wer sollte sich dort verstecken?
Hier oben, hier sausen nur Vögel vorbei –
die Nachbarn aus Bäumen und Hecken.
Handgelenke kreuzen, Handrücken aneinanderlegen und die kleinen Finger so miteinander verhaken, dass die übrigen Finger die beweglichen Flügel der Amsel darstellen

Und einer davon – eine Amselfrau,
die ist nicht vorbeigeflogen.
Mit Buschwerk im Schnabel fürs Kinderbett
ist sie bei mir eingezogen.
die Finger setzen als Amselflügel ihre Flug- und Flatterbewegungen fort

Ich hab sie gesehen, heut Morgen um sechs.
Auch Vögel sind früh auf den Beinen!
Gern lass ich sie wohnen bei mir unterm Dach –
die Amsel mit ihren Kleinen.
Hände formen langsam ein Nest

Tipp:

Ein Gespräch über Vogelnester im Frühling und den Schutz der Brutvögel kann zur Vertiefung ergänzt werden: Wo finden Vögel sichere Plätze für ihre Nester? Welches Baumaterial kommt dabei zum Einsatz? Wie teilen sich die Vogeleltern die Aufgaben beim Nestbau und Brüten? Und worauf sollten Menschen achten, damit sie die brütenden Vögel nicht stören?

Susanne Brandt

Im Tierreich

Siehst du dort die Finken?
Fingerspiel

U3

Anzahl: beliebig

Alter: ab 2 Jahren

Zeitbedarf: wenige Minuten

Lernziele:
- Koordination von Sprache und Bewegung
- Sprachkompetenz

> Kleine Kinder haben Spaß an einfachen Reimen. Im folgenden Fingerspiel dürfen sie den jeweils in Klammern stehenden Paarreim ergänzen. Damit prägt sich ganz selbstverständlich auch der Text ein. Wenn das Reimen gut klappt, können die Bewegungen hinzugenommen werden.

Und so geht's:

Siehst du dort die Finken?
beide Arme seitlich auf und ab bewegen (Flügelschlagen)

Sie wollen gerne (trinken).
Kopf zum Boden (an eine Pfütze) führen

Siehst du dort die Hasen?
Hände wie Hasenohren über den Kopf strecken

Sie hoppeln übern (Rasen).
Hände patschen abwechselnd auf die Oberschenkel

Siehst du dort die Schnecken?
Zeigefinger wie Fühler an die Schläfen halten

Sie wollen sich (verstecken).
Arme vors Gesicht nehmen, sich klein machen

Siehst du dort die Frühlingsmaus?
Zeigefinger deuten Mausohren an

Sie baut ein neues (Frühlingshaus).
Hände bilden vor dem Körper ein Dreieck (Hausdach)

Und was macht der Gockelhahn?
aufstehen

Er kräht und kräht so laut er (kann):
beide Arme seitlich auf und ab bewegen (Flügelschlagen)

Kikeriki, kikeriki, kikeriki!
lautstark krähen

Variation:
Sie können das Fingerspiel auch auf klassische Weise umsetzen, indem bei Nennung der einzelnen Tiere ein Finger nach dem anderen gestreckt wird (beginnend mit dem Daumen).

Claudia Höly

Im Tierreich

Die Frühlingsmaus
Theaterspiel

U3

Anzahl: mindestens 5 Kinder

Alter: ab 2 Jahren

Zeitbedarf: 15 Minuten

Lernziele:
- Gemeinschaftsgefühl
- Aufmerksamkeit und Konzentration

>> Die Kinder erleben das Erwachen der Natur in diesem kleinen Theaterstück, das schnell eingeübt oder einfach spontan durchgeführt werden kann.

Material:
- **Frühlingsmaus:** graue Kleidung, Stuhl als Mauseloch
- **Kuckuck:** braunes Chiffon- oder Baumwolltuch, um die Schulter gebunden
- **Blumenkinder:** für jedes Kind ein buntes Tuch, um die Schulter gebunden
- **Feuerwanzen:** für jedes Kind ein rotes Tuch, um die Schulter gebunden

Und so geht's:

Die Maus verkriecht sich unter einem Stuhl, der am Rand der Spielfläche steht. Blumenkinder, Kuckuck und Wanzen sitzen auf der Spielfläche am Boden und warten auf ihren Einsatz.

Sie lesen den Tierkindern und dem Publikum während des Spiels den Text vor.

Hallo, ich bin die Frühlingsmaus,
Maus krabbelt ein wenig nach vorn

ich schau aus meinem Loch heraus.
Maus schaut nach rechts und links

Ich schnupp're hier und schnupp're dort:
Maus schnuppert mit der Nase in verschiedene Richtungen

Ist der Winter denn schon fort?
Maus wagt sich mit den Vorderbeinen aus dem „Loch" heraus

Oder ist noch alles weiß?
Liegt noch Schnee und klirrt noch Eis?
Maus legt die Pfote an die Stirn, schaut umher

51

Horch, ein frohes Lied erklingt.
Maus hält an, legt die Pfoten an die Ohren

Ob denn wohl der Kuckuck singt?
Kuckuck fliegt umher und ruft sein „Kuckuck!"

Vor meinem Loch auf grünen Wiesen
Maus legt die Pfoten wieder an die Stirn

seh' ich bunte Blumen sprießen.
die Blumenkinder wachsen langsam nach oben,
breiten ihre Arme über dem Kopf aus

Viele rote Feuerwanzen
seh' ich auf der Wiese tanzen.
Feuerwanzen tanzen im Kreis oder einzeln

So wartet doch, so wartet doch,
ich komme raus aus meinem Loch!
Maus verlässt ihr Loch

Ich tanz mit euch, so schnell ich kann,
denn heute fängt der Frühling an.
Maus tanzt gemeinsam mit den Feuerwanzen

Tipp:

Hier bietet es sich an, im Anschluss das Kuckuckslied zu singen und dabei weiter zu tanzen. Der Kuckuck könnte in der Kreismitte mit den Flügeln schlagen oder um die tanzenden Kinder herumfliegen.

Claudia Höly

Im Tierreich

Eine kleine Schnecke
Fingerspiel

Anzahl: beliebig

Alter: ab 2 Jahren

Zeitbedarf: wenige Minuten

Lernziele:
- Handmotorik
- Sprachkompetenz

> Bei diesem Fingerspiel geht es besonders langsam zu. Im Laufe des langsam gesprochenen Textes kommen die Kinder zur Ruhe und üben sich gleichzeitig in langsamer, kontrollierter Bewegung. Wer hat dabei die langsamste Schnecke?

Und so geht's:

Eine kleine Schnecke,
mit einer Hand eine Faust bilden, Zeigefinger und Mittelfinger als Fühler nach oben strecken, die „Schnecke" auf den angewinkelten zweiten Arm setzen

lang-sam-sam,
Text langsam sprechen, Silben dabei deutlich trennen, die „Fühler" dabei langsam hin und her bewegen (rechts-links-rechts)

kriecht dort um die Ecke,
Schnecke kriecht zum Ellenbogen des angewinkelten Armes

lang-sam-sam.
Schnecke bleibt stehen, Fühlerbewegung wie oben

Will ein Tröpfchen trinken,
Fühler nach unten bewegen

lang-sam-sam,
wie oben

will mir einmal winken,
mit den Fühlern winken

lang-sam-sam.
wie oben

Will jetzt nichts mehr sehen,
Fühler krümmen

lang-sam-sam,
wie oben

will ins Häuschen gehen,
ganze Hand zur Faust schließen (Fühler verschwinden)

lang-sam-sam.
(keine Bewegung)

Will im Häuschen schlafen,
Augen schließen und den Kopf leicht zur Seite neigen

lang-sam-sam.
(keine Bewegung)

Vielleicht hörst du sie schnarchen?
laute Schnarchgeräusche

Claudia Höly

Im Tierreich

Zwick und Zwack
Mitmachgeschichte

U3

Anzahl: Klein- oder Gesamtgruppe

Alter: ab 2 Jahren

Zeitbedarf: 15 Minuten

Lernziele:
- Genaues Hinhören
- Schnelle Reaktion

© Kirsten Maron

> Bei der Mitmachgeschichte der Hühner Zwick und Zwack haben alle Beteiligten die Aufgabe, bei dem Wort „Zwick" aufzustehen und sich bei dem Wort „Zwack" wieder hinzusetzen. Können alle Kinder schnell genug reagieren?

Und so geht's:

Die Kinder setzen sich in einen Stuhlkreis, bei dem Sie die Stühle nicht zu eng stellen sollten, da die Kinder ein bisschen Bewegungsfreiheit brauchen. Bei dem Wort „Zwick" stehen alle auf und setzen sich bei dem Wort „Zwack" wieder hin.

Zwick und Zwack sind zwei freche Hühner, die auf dem Bauernhof von Bauer Schulte wohnen.

Eines Tages beschließen Zwick und Zwack, dass sie von nun an nicht mehr zu den Hühnern gehören wollen. Zwick und Zwack hüpfen von der Hühnerstange herunter und trippeln durch das Scheunentor auf den Hof.

Da kommt Fred der Hofhund bellend auf sie zu gerannt. Schnell laufen Zwick und Zwack zum Zaun und mit ein paar schnellen Flügelschlägen fliegen sie darüber.

54

Auf der Wiese stehen schwarz gefleckte Kühe grasend herum. **Zwick** und **Zwack** hüpfen gackernd zwischen ihnen hin und her und scheuchen die Kühe über die Wiese.

Dann hat **Zwick** eine Idee: „Komm **Zwack**, wir gehen zu den Enten unten am Teich." Dort angekommen finden sie die Enten, die auf der Wiese in der warmen Sonne liegen. **Zwick** und **Zwack** rennen wild gackernd zur Wiese und erschrecken die Enten. Diese springen wütend schnatternd in den Teich.

Doch dann kommt den frechen Hühnern **Zwick** und **Zwack** eine neue Idee. Sie laufen zum Schweinestall, wo die Schweine fressend am Schweinetrog stehen. **Zwick** zieht mit dem Schnabel am Ringelschwanz eines Schweins und **Zwack** kitzelt ein anderes Schwein mit seinem Schnabel am Bauch. Wütend wehren sich die verärgerten Schweine. **Zwick** bekommt einen Tritt in die Seite und **Zwack** wird von einer Schweinenase in den Mist geschubst.

Nun haben die Hühner aber genug. Beleidigt rennen **Zwick** und **Zwack** aus dem Schweinestall. Sie setzen sich auf dem Hof in die Sonne und ruhen sich von ihrem Schrecken aus.

Variation:

Mit älteren Kindern kann die Geschichte auch als kleines Rollenspiel gespielt werden. Mit farbigen Tüchern, entsprechendem Kopfschmuck oder Tiermasken werden folgende Rollen kenntlich gemacht: Hühner inkl. Zwick und Zwack, Hofhund Fred, Kühe, Enten und Schweine.

Während die Geschichte jetzt etwas langsamer vorgelesen wird, haben die Kinder ausreichend Zeit, ihren Rollen entsprechend folgende Bewegungen durchzuführen:

- Hühner (inkl. Zwick und Zwack) hüpfen von der Stange und laufen in den Hof
- Hofhund Fred rennt bellend auf Zwick und Zwack zu
- Zwick und Zwack fliegen über den Zaun
- Zwick und Zwack scheuchen Kühe über die Wiese
- Enten liegen am Teich
- Schweine stehen im Stall am Trog
- Zwick zieht Schwein am Ringelschwanz
- Zwack kitzelt anderes Schwein
- Zwick wird vorsichtig in die Seite getreten
- Zwack wird vorsichtig in den Mist geschubst
- Zwick und Zwack ruhen sich in der Sonne aus
- Zwick und Zwack gehen zurück zum Hühnerstall
- Hühner im Stall erwarten gespannt die beiden Ausreißer
- Zwick und Zwack schlafen im Heu erschöpft ein

Mit entsprechenden Utensilien und einer Bauernhofkulisse kann das Rollenspiel sogar zu einem kleinen Theaterstück umgewandelt werden.

Als es langsam dunkel wird, laufen **Zwick** und **Zwack** zurück in den Hühnerstall, wo sie von den anderen Hühnern schon erwartet werden. **Zwick** und **Zwack** erzählen jedoch lieber nicht, was sie den ganzen Tag getrieben haben. Sie legen sich ins Heu und schlafen nach dem aufregenden Tag schnell ein.

Kirsten Maron

Im Tierreich

Wir bauen ein Vogelnest
Fingerspiel

U3

Anzahl: beliebig

Alter: ab 2 Jahren

Zeitbedarf: wenige Minuten

Lernziele:
• Handmotorik
• Koordination von Sprache und Bewegung

>> Im Frühling legen Vögel ihre Eier und kleine Küken schlüpfen. Mit diesem Vorgang beschäftigen die Kinder sich in diesem kleinen Fingerspiel.

Und so geht's:

Ein Vogelweibchen fliegt herbei,
Arme seitlich vom Körper auf und ab bewegen (Flügelschlagen)

es zwitschert und macht viel Geschrei.
kräftig zwitschern und pfeifen

Ich glaub, bald legt's ein Vogelei,
mit beiden Händen ein Oval andeuten (Ei)

vielleicht auch zwei, vielleicht auch drei.
weitere Ovale andeuten

Drum bauen wir das Nest recht groß
Arme im Halbkreis vor den Körper führen, Hände schließen (Nest)

aus Halmen, Zweigen, Gräsern, Moos.
nacheinander vier Finger strecken

Und setzen es dann auf den Ast,
Arme nach oben strecken

ein bisschen schieben, dass es passt.
Arme sacht hin und her bewegen

Jetzt schleichen wir weg, leise, nicht stören!
Zeigefinger auf den Mund legen, mit den Handflächen über die Oberschenkel reiben (schleichen)

Können wir bald ein Vögelchen hören?
Pause, Hand ans Ohr legen und lauschen, dann leise piepsen

Claudia Höly

Im Tierreich

Zwei Regenwürmer bei der Arbeit
Fingerspiel und Darstellendes Spiel

U3

Anzahl: Kleingruppe

Alter: ab 2 Jahren

Zeitbedarf: je 10 Minuten

Lernziele:
- Sprachkompetenz
- Aufmerksamkeit

» Zwei fleißige Regenwürmer werden bei der Arbeit vom Regen gestört. Dieses Szenario spielen die Kinder in einem Fingerspiel und in einer kurzen Aktion selbst nach.

Und so geht's:

I. Fingerspiel

Fridolin und Kunigunde
rechten und linken Arm vor dem Körper hin und her bewegen

**arbeiten schon manche Stunde
tief im Dunkeln, ohne Licht,**
Hände zum Boden führen

man sieht sie nicht, man hört sie nicht.
erst die Augen, dann die Ohren zuhalten

Sie graben Gänge, graben Röhren,
rechten und linken Arm vor dem Körper hin und her bewegen

**lassen sich dabei nicht stören.
Doch kommt der Regen in ihr Haus,**
Zeigefinger von oben nach unten führen, dabei Tropfen andeuten

schnell, ganz schnell, kriechen sie raus.
Arme in Schlangenlinien über den Kopf führen

II. Darstellendes Spiel

Material:
- Regenmacher für jedes „Regenkind", alternativ Handtrommeln, die mit den Fingerspitzen leicht angeschlagen werden (Regentropfen)
- mindestens einen Kriechtunnel und/oder eine Reihe aus Stühlen; sind es mehr als zwei Regenwürmer, dann entsprechend mehr Gänge anbieten
- grünes Tuch (Wiese)

Zwei Kinder spielen die Regenwürmer Fridolin und Kunigunde (die Rollen können bei Bedarf auch mehrfach besetzt werden) und mindestens ein Kind spielt den Regen, gern aber auch eine Gruppe von Kindern.

Während der Text gesprochen wird, kriechen die Regenwürmer durch die Tunnel und/oder Stuhlbeine hindurch. Wenn es zu regnen beginnt (Konzert der „Regenkinder"), verlassen die Regenwürmer schnell ihre Gänge und versammeln sich auf dem grünen Wiesentuch.

Tipp:
Achten Sie darauf, dass ein Kriechtunnel von maximal zwei Regenwürmern benutzt wird, damit beim Einsetzen des Regens kein Gedränge entsteht.

Claudia Höly

Im Tierreich

Es war einmal ein Schaf
Geschichte und Gestaltung

Anzahl: Kleingruppe

Alter: ab 4 Jahren

Zeitbedarf: 30 Minuten

Lernziele:
- Wertschätzung von Materialien
- Handwerkliche Fertigkeit

> Ein Schäfer liebt seinen alten Wollmantel. Er weiß, wo die Wolle herkommt und auch, was man aus dem alten Wollstoff noch alles machen kann. Dabei nimmt der Mantel von einer Jacke, zu einer Weste und letztendlich nur noch zu einem Wollbommel verschiedene Formen an. Einen solchen Bommel können die Kinder im Anschluss an die Geschichte selbst gestalten.

Material:
- Kindersachbücher zu den Themen Schafe und Wolle

Und so geht's:

Die Kindersachbücher eignen sich mit ihrem Bildmaterial gut zur Einführung ins Thema und sollten möglichst vor der Geschichte gemeinsam angeschaut werden. Dabei ergeben sich viele Gesprächsimpulse und Fragen, die mithilfe der Bücher beantwortet werden können. Wenn möglich, wäre ein Ausflug zu einem Schäfer in der Umgebung eine ideale Hinführung.
Wenn sich das Filzen gleich ans Vorlesen der Geschichte anschließen soll, sollten vorher die Arbeitsplätze dafür hergerichtet werden: Seife und Schüsseln für Wasser bereitstellen, Wolle und Tücher auslegen, Möglichkeit zum Erwärmen des Wassers schaffen.

I. Geschichte

In gemütlicher Runde wird die Geschichte vorgelesen oder frei nacherzählt:

Es war einmal ein Schaf

Es war einmal ein Schaf, das trug ein Kleid aus dichter Wolle. Im Winter wärmte die Wolle gut. Im Mai aber, als die Sonne schon warm vom Himmel schien, da fing das Schaf an zu schwitzen unter seinem dicken Fell. Es war froh, als der Schäfer eines Tages kam, um es zu scheren. Ein watteweicher Berg aus Wolle fiel dabei auf die Wiese. In einem großen Korb trug der Schäfer die Wolle nach Hause. Dort wurde sie gewaschen, gekämmt und am Ende zu feinen Fäden gesponnen. Die gesponnene Wolle trug der Schäfer zur Weberei. Die webte einen feinen Stoff daraus. Einen Mantel wollte sich der Schäfer nähen. Und es wurde ein wirklich schöner Mantel! Viele Jahre lang hatte er seine Freude daran. Er trug ihn im Frühling und im Herbst, bei der Arbeit und bei jedem Spaziergang durch die Stadt. Irgendwann aber musste er feststellen, dass der Mantel vom vielen Tragen an der unteren Kante ganz abgestoßen war. An einigen Stellen hatten sich bereits kleine Fäden gelöst. „Oben herum ist der Stoff ja noch sehr gut", dachte sich der Schäfer. „So kann ich das untere Stück des Mantels einfach abschneiden und habe dann immer noch eine schöne Jacke."

Der Schäfer liebte seine neu entstandene Jacke noch mehr als den Mantel. Er trug sie im Frühling und im Herbst, bei der Arbeit und bei jedem Spaziergang durch die Stadt. Er trug sie so lange, bis der Stoff über den Ellbogen und an den Schultern so dünn war wie ein Spinngewebe. „Nun", dachte der Schäfer, „der Rest der Jacke ist ja noch in Ordnung. Wenn ich die Ärmel abtrenne, dann habe ich immerhin noch eine schöne Weste."

Die Weste schützte seinen alt gewordenen Rücken vor dem Wind. Er trug sie im Frühling und im Herbst, bei der Arbeit und bei jedem Spaziergang durch die Stadt. Vorn über seinem Bauch aber, da war der Stoff bald so dünn, dass ein Loch entstand. Erst war es noch ganz klein, dann aber wurde es von Tag zu Tag größer. „Was lässt sich mit dem Rückenteil einer Weste noch anfangen?", überlegte der Schäfer traurig, als er den Stoff untersuchte. Da fiel ihm ein, dass er sich doch lange schon eine warme Kappe wünschte, die er sich auf seine Glatze setzen konnte.

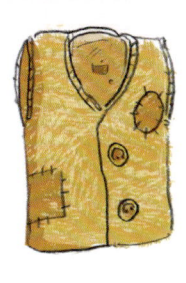

Geschickt schnitt er den restlichen Stoff der Weste so zurecht, dass sich daraus eine solche Kappe nähen ließ. Die stand ihm so gut, dass er gar nicht mehr ohne seine neue Kopfbedeckung aus dem Haus gehen mochte. Er trug sie im Frühling und im Herbst, bei der Arbeit und bei jedem Spaziergang durch die Stadt.

Doch auch die schönste Kappe bekommt irgendwann Löcher. Nur ein ganz kleines Stückchen vom Stoff war am Ende noch heil. Da musste er sich für seinen kahlen Kopf eine neue Mütze kaufen.

Den letzten Rest von der Kappe aus Wolle aber, den drehte der Schäfer lange zwischen seinen Fingern hin und her, drehte und drehte und hielt schließlich ein kleines rundes Gebilde in seinen Händen, das nicht größer war als ein Knopf. „Ein Knopf!", dachte der Schäfer zufrieden, „wenigstens als Knopf will ich den letzten Rest von dem guten Wollstoff noch bei mir tragen." Und weil sein neuer Mantel schon genug Knöpfe hatte, nähte er den Knopf aus Wolle oben auf seine neue Mütze drauf. Es sah lustig aus, wenn der kleine Bommelknopf nun oben auf seinem Kopf bei jedem Schritt hin und her wippte.

Bei einem Frühlingsspaziergang muss es dann passiert sein: Da sauste ihm der Wind so heftig um die Ohren, dass sich der Knopf hoch oben auf der Mütze wohl dachte: „Es wird Zeit, um mitzusausen." Und hui – schon war er mit dem wilden Wind auf und davon. Gegen Knöpfe, die einfach davonsausen, kann auch ein Schäfer nichts tun! Zuerst war er traurig, dass nun wirklich nichts mehr von seinem schönen Wollmantel übrig war. Dann aber kam ihm in den Sinn, dass er doch immerhin noch eine Menge zu erzählen wusste: von dem Bommelknopf, der vorher eine Kappe und vorher eine Weste und vorher eine Jacke und davor mal ein schöner Mantel gewesen ist. Und er vergaß auch nicht das Schaf, das im Mai vor vielen Jahren seine Wolle dazu gegeben hatte. So erzählte er die Geschichte von dem Knopf weiter an alle, die er kannte. Und die erzählten sie wieder weiter – bis sie irgendwann auch mir zu Ohren kam. Jetzt also seid ihr an der Reihe: Lasst die Geschichte nicht achtlos liegen. Vielleicht lässt sich irgendwann wieder etwas Neues daraus machen.

Nach Motiven einer jüdischen Geschichte frei nacherzählt.

II. Aktion: Kleine „Bommelknöpfe" filzen

Einen solchen „Bommelknopf" wie ihn der Schäfer zuletzt auf seinem Kopf trug – den können Kinder auch filzen! Ob der wohl auch so lustig hin und her wippt, wenn er auf eine Mütze genäht wird und mit den Kindern spazieren geht?

Anleitung:

1 Aus der Wolle wird eine kleine Kugel gewickelt (etwas größer als die gewünschte Größe des fertigen Werkstücks).

2 Die Hände werden gut eingeseift und die Kugel in eine kleine Schale mit heißem Wasser getaucht, bis sie pitschnass ist, dann wird die Kugel ausgedrückt.

Material:
- Schüssel mit heißem Wasser (max. 50 °C damit die Kinder sich nicht verbrühen!)
- grüne Seife oder Kernseife
- gekämmte Schafwolle zum Filzen (sehr ergiebig: wenige Gramm pro Kind reichen für die Bommelknöpfe schon aus)
- Trockentücher
- evtl. Noppenfolie als Unterlage zum Rollen und Kneten der Kugeln

3 Die Hände werden gut und im weiteren Verlauf mehrmals eingeseift. Die Kugel wird mit seifigen Händen nun kräftig gerieben und geknetet und zwischendurch immer wieder ins heiße Wasser getaucht, damit die Wolle nicht kalt wird.

Dazu passt folgender Filzspruch zum rhythmischen Mitsprechen beim Bewegen der Hände:

Rolle, rolle, rolle,
schöne warme Wolle!
War einmal ein weiches Fell,
langsam, langsam, nicht so schnell,
aus dem weichen Fellchen
wird ein rundes Bällchen.

4 Wenn die Kugel schön hart ist, wird die Seife gründlich ausgespült und der Bommelknopf auf der Heizung getrocknet.

Auf welcher Mütze bekommt der Bommelknopf wohl seinen Ehrenplatz?

Susanne Brandt

Im Tierreich

Alle Vögel sind schon da!
Sachtext und Aktion

Anzahl: Gesamtgruppe

Alter: ab 5 Jahren

Zeitbedarf: ca. 30 Minuten

Lernziele:
- Zuhören
- Zusammenarbeit im Team
- Sachwissen über Zugvögel

» Mit der Rückkehr der Zugvögel begrüßen wir Menschen den Beginn der warmen und sonnigen Zeit des Jahres. Und was das Beste ist: Auf die Zugvögel ist jedes Jahr Verlass! Eine innere Uhr sagt ihnen ganz genau, wann es Zeit wird, zu ihren Brutplätzen zurückzukehren. Die Kinder erfahren etwas über die Flugrouten der heimkehrenden Zugvögel und welche Strapazen sie dabei auf sich genommen haben. In kleinen Gruppen verfolgen sie dann auf einer großen Weltkarte die Wege der Zugvögel.

I. Sachtext

Material:
- Globus

Und so geht's:

Stimmen Sie mit den Kindern zunächst das Lied „Alle Vögel sind schon da" an und lesen danach den Sachtext vor. Nehmen Sie dazu einen Globus zur Hand und zeigen darauf die beschriebenen Orte.

Seid ihr heute Morgen auch vom Gezwitscher der Vögel wach geworden? Das ist ein sicheres Zeichen, dass die Zugvögel zu uns zurückgekehrt sind. Auf ihrem Weg zurück aus Afrika nutzen unsere Zugvögel bestimmte Wege. Diese nennen wir „Flugrouten". Jede Vogelart hat aber ihre eigene Flugroute und diese ist nicht immer die kürzeste Strecke. Oft machen die Vögel einen Umweg, denn sie fliegen nicht so gern über das offene Meer, riesige Seen und so weite Wüsten, wie die Sahara, die hier auf dem Globus gut zu erkennen ist.

Es gibt für die Vögel zwei unterschiedliche Wege, um zu uns zurückzukehren. Da wäre zum einen die **westliche Route**. Das bedeutet, dass die Vögel, die in Westafrika überwintert haben, immer am Rand der Sahara entlang nach Nordafrika fliegen. Bei Gibraltar erreichen sie Spanien. Von dort aus fliegen sie über Frankreich nach Deutschland. Diesen Weg wollen wir auf dem Globus erst einmal suchen.

Die andere Route ist die **östliche Strecke**. Vögel, die in der Mitte Afrikas, in der Nähe des Äquators oder in Kenia, überwintert haben, starten von dort. Weiter geht es über Äthiopien, entlang den Ufern des Roten Meeres, was ihr bestimmt auch auf dem Globus entdecken werdet. Danach fliegen diese Vögel an der Küste entlang über Israel und Syrien hinweg zum türkischen Festland. Hier ruhen sie sich erst einmal wieder aus. Danach geht es weiter über Griechenland und viele andere Länder bis nach Österreich. Von dort haben es die Vögel nicht mehr weit bis zu uns hier in Deutschland.

Ihr könnt euch sicherlich vorstellen, dass diese Strecken, die die Vögel bei ihrer Rückkehr aus Afrika fliegen müssen, wahnsinnig lang sind! Der Storch muss dabei etwa 10.000 km fliegen, das bedeutet ungefähr, er würde 10-mal die Strecke vom Norden Deutschlands nach Süden überfliegen. Das könnt ihr bestimmt auf dem

Globus auch nachsehen. Die Singvögel, die wir in unserem Lied besungen haben, müssen aber diese Strapazen gar nicht auf sich nehmen, denn sie fliegen im Winter nicht zu weit in den Süden. Viele kleine Vögel überwintern nur in Italien oder auf Mallorca und kehren jetzt zurück.

Wenn ihr mit dem Auto in den Urlaub fahrt, seid ihr sicherlich auch schon mal sehr lange Strecken gefahren. Und so manches Elternteil von euch fährt dann bestimmt am liebsten nachts, weil dann wenig Verkehr ist. So gibt es auch bei den Zugvögeln welche, die lieber in der Nacht fliegen und andere, die lieber am Tag fliegen, weil sie sich nach dem Sonnenstand richten und sich sehen können. Die anderen, die in der Nacht fliegen, richten sich nach den Sternen und geben Rufe von sich, damit sie sich nicht verlieren. Trotzdem könnt ihr euch vorstellen, dass die Vögel bei ihren Flügen viele Gefahren überstehen müssen, die mit Wind und Wetter zu tun haben. Aber es gibt auch leider in einigen Ländern Menschen, die Netze aufspannen. Damit fangen sie die kleinen Vögel, wie die Nachtigall, die dann als Delikatesse gegessen werden. Leider passiert das immer wieder, obwohl dies seit etlichen Jahren streng verboten ist. Hoffen wir, dass ganz viele der Vögel, die uns im letzten Jahr verlassen haben, gesund und munter zu uns zurückkehren!

II. Aktion

Nun können die Kinder die einzelnen Flugrouten noch einmal festhalten.

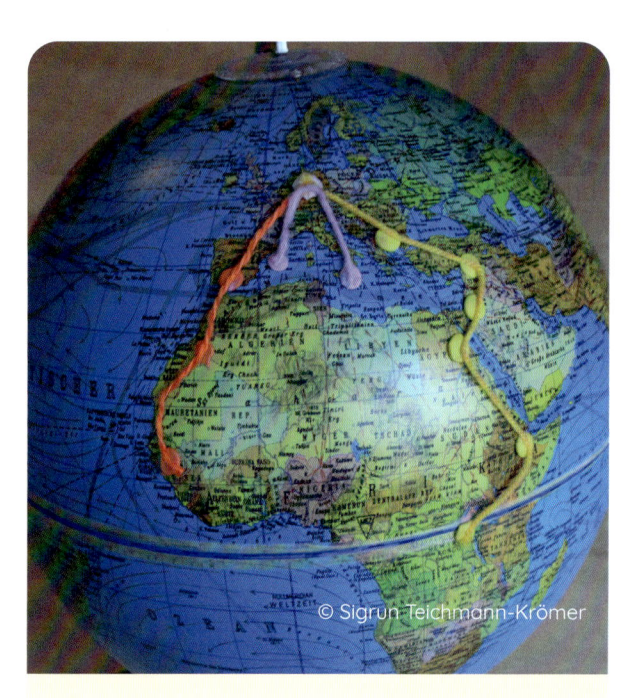

© Sigrun Teichmann-Krömer

Material:
- mehrere Globusse und eine Weltkarte
- Knete
- verschiedenfarbige Wolle
- Schere

Und so geht's:

Vorbereitung:

Die Kinder werden in Vierergruppen aufgeteilt, danach richtet sich die Anzahl der Globusse. Die Weltkarte wird an einer gut sichtbaren Stelle aufgehängt und zu jeder Gruppe ein Globus auf den Tisch gestellt.

Durchführung:

Zuerst suchen Sie mit den Kindern, die sich etwas auskennen, auf der Karte oder auf dem Globus Deutschland und setzen dort einen kleinen Knetpunkt hin. Anschließend betrachten Sie Afrika (Wo ist die Sahara? Wo sind die Meere, die großen Wasserflächen zwischen den Gebieten?). Jetzt versuchen die Kinder die oben beschriebenen Flugrouten der Vögel Stück für Stück nachzubilden, indem sie mehrere Knetpunkte setzen. Um die Route sichtbarer zu machen, wird zwischen die Knetpunkte Wolle gespannt. Schnell erkennen die Kinder die beiden Flugrouten, die Oststrecke und die Weststrecke.

Sigrun Teichmann-Krömer

Im Tierreich

Rettet die Frösche!
Projekt

Anzahl: Gesamtgruppe

Alter: ab 3 Jahren

Zeitbedarf: je 20 Minuten an mehreren Tagen

Lernziele:
- Umweltbewusstsein
- Rücksichtnahme

> Welche Gefahren während der Froschwanderung auf die Tiere warten können, erarbeiten die Kinder in diesem kleinen Projekt. Gemeinsam stellen sie Warnschilder auf und spielen nach, wie der Übergang für die Frösche sicherer wird.

Und so geht's:

I. Froschschutz

Material:
- Plakat in Hellgrün
- Stifte

Besprechen Sie mit den Kindern die Thematik der Wanderungen der Frösche zu ihren Laichgewässern im Frühling und welche Gefahren unterwegs auf sie lauern. Erarbeiten Sie mit den Kindern Ideen zum Schutz der Frösche. Hierfür schneiden Sie einen großen Frosch aus grüner Pappe aus, auf welchen die Kinder ihre Ideen aufmalen.

II. Frösche gestalten

© Marieke Göttlicher

Material:
- grüner Luftballon
- Pappe in Grün
- Sand und Trichter
- Klebstoff und Schere
- große Wackelaugen oder kleine Styroporkugeln
- grüne Acrylfarbe und Pinsel

Ein grüner Luftballon wird mit Hilfe des Trichters mit Sand gefüllt. Verschließen Sie den Luftballon mit einem festen Knoten.

Aus der grünen Pappe basteln die Kinder die beiden hinteren kräftigen Sprungbeine des Frosches, die unter den Luftballon geklebt werden. Die vorderen Beine werden mit grüner Farbe auf den Ballon gemalt. Nehmen Sie ein Grün, das sich von dem Grün des Ballons abhebt.

Große Wackelaugen oder kleine bemalte Styroporkugeln sowie ein schwarzer Strich bilden die Augen und den Mund.

III. Schilder herstellen

Befestigen Sie die Holzlatte an der Holzplatte, sodass ein Schild entsteht. Mit wasserfester Farbe wird auf die Holzplatte ein Frosch gemalt. Der Frosch wird mit einem Dreieck aus roter Farbe umrahmt und der äußere Teil rot bemalt, das dient als Warnsignal.
Anschließend können diese Schilder an befahrenen Straßen zum Schutz der Frösche aufgestellt werden. Fragen Sie vorher bei der zuständigen Behörde unbedingt nach, ob Sie die Schilder aufstellen dürfen. Eine Alternative wäre es, die Schilder sichtbar für alle vorbeigehenden sowie -fahrenden Personen am Zaun der Kita anzubringen oder für die abholenden Personen der Kinder auf dem Kita-Gelände aufzustellen. Wenn die Kinder diese Personen schon für die Situation der Frösche sensibilisieren können, ist es für sie ein toller Erfolg.

Material:
- Holzlatte (150 cm lang)
- Holzplatte (ca. 40 x 60 cm)
- Nägel und Hammer
- wasserfeste Farbe in Grün und Rot
- Malunterlage und Pinsel

IV. Rollenspiel „Froschwanderung"

Material:
- die gebastelten Frösche
- die hergestellten Schilder
- Fahrzeuge wie Rutschautos, Roller oder Dreiräder
- Straßenmalkreide
- evtl. Sonnenschirmständer

Für das Rollenspiel brauchen Sie einen Weg oder eine Straße. Vielleicht gibt es in Ihrer Einrichtung einen gepflasterten oder geteerten Weg bzw. Platz, der sich für das Rollenspiel eignet.

Bei einem gepflasterten Platz wird mit Seilen, die links und rechts die Fahrbahnabgrenzung darstellen sollen, eine Straße gelegt. Mit der Straßenmalkreide werden nun die inneren Linien der Fahrbahnmarkierungen auf die Straße gezeichnet. Die Schilder werden an der Seite der Fahrbahn aufgestellt. Falls sich kein Rasen neben der Fahrbahn befindet, in den die Schilder hineingesteckt werden können, befestigen Sie die Schilder an Sonnenschirmständern. Mit den Fahrzeugen spielen die Kinder die Situation nach. Sie fahren auf der Straße entlang und halten an, sobald mitspielende Kinder die Frösche über die Fahrbahn setzen, dann dürfen sie weiterfahren.

Marieke Göttlicher

Ostern kann kommen!

Wieso bringt der Osterhase die Eier?
Gut zu wissen

> Im Morgenkreis fragen die Kinder gern: „Welche Jahreszeit haben wir?" Und wenn die Antwort dann endlich zum ersten Mal „Frühling" ist, dann ist auch Ostern nicht mehr weit. Die brennenden Kinderfragen rund um Ostern werden in diesem Beitrag beantwortet.

Wieso bringt der Osterhase die Eier?

Das ist nicht ganz klar. Es gab Zeiten, da war es nicht nur der Osterhase, der die Eier brachte, sondern z.B. auch der Fuchs, der Hahn, der Storch oder der Kuckuck. Aber mit der Zeit hat sich der Hase durchgesetzt. Vielleicht weil die Hasen im Frühling sehr viele Junge bekommen und so Leben schenken. Sahen die Menschen früher die Hasenmütter mit ihren Jungen, dann wussten sie: „Endlich, der Frühling beginnt!"

Wieso gibt es Eier zu Ostern?

Aus Eiern entsteht neues Leben. Aus den Eiern schlüpfen im Frühjahr die Küken. So sind Eier ein Symbol für einen Neuanfang, denn im Frühjahr fängt auch alles wieder neu an zu wachsen und zu sprießen. An den Bäumen sind endlich die ersten grünen Blätter zu sehen, die ersten Blumen blühen im Garten und auch das Getreide auf den Feldern wächst. Die Natur erwacht.

Warum malen wir zu Ostern die Eier bunt an?

Das hat vielleicht etwas mit der Fastenzeit zu tun. Was ist die Fastenzeit? In der Zeit zwischen Fastnacht und Ostern fasten noch heute viele Christen, d.h. sie verzichten auf etwas, was sie eigentlich gerne essen, z.B. Fleisch oder Schokolade, oder sie trinken in dieser Zeit nur Wasser. Es gab eine Zeit, da aßen die Leute in der Fastenzeit auch keine Eier. Aber die Hühner haben weiter Eier gelegt. Und damit man noch wusste, welche die frischen und welche die älteren Eier sind, hat man die alten Eier hart gekocht und eingefärbt. So hat man die Eier haltbar gemacht und man konnte sie gut auseinanderhalten.

Woher kommt das Wort Ostern?

Dafür gibt es verschiedene Erklärungen: Vor vielen Jahren gab es eine germanische Frühlingsgöttin, die Eostrae hieß. Ihr zu Ehren wurde dann immer im Frühling ein großes Fest gefeiert. Das Wort „Ostern" hängt mit der Himmelsrichtung „Osten" zusammen. Im Osten geht die Sonne auf. Der Ort der aufgehenden Sonne gilt im Christentum als Zeichen für Jesus, der auferstanden, also wiedergekommen ist.

Warum feiert man eigentlich Ostern?

Ostern ist seit 1700 Jahren ein ganz wichtiges Fest in der christlichen Kirche. Die Christen denken dann an Jesus, der am Kreuz gestorben ist, dann aber wieder auferstanden ist. Das wird gefeiert.

Ulrike Verheugen

Ostern kann kommen!

Osterbräuche aus aller Welt
Wissen und Aktionen

U3

Anzahl: Klein- oder Gesamtgruppe

Alter: ab 2 Jahren

Zeitbedarf: je Aktion ca. 30 Minuten

Lernziele:
- Osterbräuche kennenlernen
- Gemeinschaftsgefühl

» Wie feiert man in Mexiko oder Finnland Ostern? Erkunden Sie mit den Kindern neue Bräuche und probieren selbst welche aus.

Und so geht's:

Italien
In Italien trifft man sich an Ostern oft zum Picknick. Dabei gibt es die „Torta di pasquetta", die Ostertorte: einen Gugelhupf mit gekochten Eiern und Spinat.
Umsetzungsidee: Planen Sie mit den Kindern ein kleines Picknick, bei dem Sie selbstgemachte Sandwiches verspeisen.

Mexiko
In Mexiko findet an Ostern ein zwei Wochen dauerndes Volksfest statt. Während dieses Festes gibt es häufig eine realistisch nachgestellte Osterprozession.
Umsetzungsidee: Bereiten Sie mit den Kindern einen österlichen Umzug in der Kita vor mit lustigen Verkleidungen als Osterhasen.

Wales
In Wales steigen die Menschen kurz vor Sonnenaufgang auf einen Hügel. Bei Sonnenaufgang schlagen sie drei Purzelbäume oder tanzen, was ein Ausdruck von Freude auf das Osterfest ist.
Umsetzungsidee: Halten Sie den Morgenkreis im Freien ab und tanzen danach gemeinsam.

Finnland
Anstelle des Osterhasen gibt es in Finnland die Osterhexen. Sie ziehen am Ostersonntag von Haus zu Haus lärmend durch die Straßen, um die stille Zeit zu beenden.
Umsetzungsidee: Die Kinder verkleiden sich als Hexen und ziehen lärmend vor der Kita umher.

Deutschland
In vielen Regionen, vor allem in Norddeutschland, wird schon einige Tage vor Ostern der Wald „aufgeräumt", der durch Stürme im Winter Schaden genommen hat. Abgebrochene Äste und morsches Holz werden gesammelt und an großen freien Plätzen (in Küstenregionen am Strand) zu riesigen Haufen zusammengetragen. Diese werden dann an Ostern abgebrannt, damit dieses „Osterfeuer" endgültig den Winter vertreibt.
Umsetzungsidee: Machen Sie gemeinsam einen Ausflug in den Wald und sammeln auf dem Weg liegende Äste ein. Zurück in der Kita kann damit in der Feuerschale ein kleines Osterfeuer gemacht werden.

Kirsten Maron und Redaktion

Ostern kann kommen!

Eier filzen
Gestaltung

U3

Anzahl: 5 Kinder

Alter: ab 1 Jahr

Zeitbedarf: 30 Minuten (+ Nachbereitung)

Lernziele:
- Motorik
- Kreativität
- Experimentierfreude

» Hier geht es darum, taktile Erfahrungen zu sammeln und Experimentierfreude zu entwickeln – das Ergebnis sind flauschige Filzeier.

Und so geht's:

Vorbereitung:

Die Kernseifeflocken werden in einer Schüssel mit warmem Wasser gut aufgelöst. Stellen Sie das restliche Material bereit.

Material:
- Styroporeier
- Märchenwolle in verschiedenen Farben
- Kernseifeflocken, Schüssel und große Löffel
- alte Feinstrumpfhose, alte Handtücher und Waschmaschine

Durchführung:

Jedes Kind sucht sich eine oder zwei Farben der Märchenwolle aus und umhüllt das Styroporei damit einmal längs und einmal quer. Dann wird das Ei auf einen großen Löffel gelegt und in das warme Seifenwasser getaucht. Anschließend wird die nasse Wolle gut mit den Händen angedrückt und das Ei mehrere Minuten zwischen beiden Händen gerollt, sodass die Wolle verfilzt. Achten Sie darauf, dass keine Löcher bleiben, aus denen das Styroporei noch hervorschaut.

Die umhüllten Eier stecken Sie in eine alte Strumpfhose und machen nach jedem Ei einen Knoten in das Strumpfhosenbein. Die gefüllte Strumpfhose wird mit den alten Handtüchern bei 30 °C gewaschen. Zum Schluss werden die Eier aus der Strumpfhose geholt und an der Luft trocknen gelassen – fertig.

Kirsten Maron

alle Fotos: © Kirsten Maron

Ostern kann kommen!

Puzzle und Memory mit Ostereiern
Gestaltung und Spiel

Anzahl:
4 Gruppen mit jeweils 4 Kindern

Alter:
ab 5 Jahren

Zeitbedarf:
ca. 25 Minuten

Lernziele:
- Visuelle Wahrnehmung
- Merkfähigkeit

>> Die lang bewährten Spiele Puzzle und Memory erhalten durch den jahreszeitlichen Bezug zu Ostern für die Kinder einen bunten, neuen Aufforderungscharakter.

Material:
- Ostereierschablone aus dicker Pappe (ca. 11 x 8 cm)
- weißes oder beiges Tonpapier (2 DIN-A3-Bögen)
- Bleistift, Buntstifte und Scheren
- Laminiergerät mit Folien (in Erwachsenenhände)
- Kiste oder Schachtel zur Aufbewahrung der Ostereierhälften

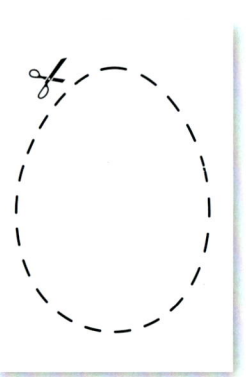

Und so geht's:

Vorbereitung:

Schneiden Sie die Ostereierschablone aus der Pappe zurecht. Anschließend werden 16 Ostereier mit Hilfe der Schablone auf den Tonkarton aufgezeichnet.

Auf je vier Eier wird mit Bleistift das gleiche Muster und ein horizontaler Halbierungsstrich aufgezeichnet. Die Muster und Halbierungsstriche sollten variieren (Wellenlinien, Zickzackstriche etc.).

Durchführung:

Alle vier Kinder in einer Gruppe erhalten ein Ei mit dem gleichen Muster, das sie nach Belieben mit den Buntstiften ausmalen. Anschließend werden die ausgemalten Ostereier laminiert und auf den Halbierungslinien auseinandergeschnitten, sodass 32 Ostereierhälften entstehen.

I. Puzzle

Die Kinder sollen die offen liegenden Ostereierhälften finden und zusammenfügen, die die gleiche Farbe und das gleiche Muster haben.

II. Memory

Die Ostereierhälften werden verdeckt auf den Tisch gelegt. Jetzt werden die Regeln des bekannten Memoryspiels umgesetzt, bei dem nacheinander die Hälften aufgedeckt und Paare zusammengefügt werden.

Tipps:
- Bei der Gestaltung der Ostereier kommt es sehr auf Genauigkeit an, damit die Spielregeln umgesetzt werden können. Daher sollten hier beim Ausmalen ausschließlich ältere Kinder mit einbezogen werden.
- Das anschließende Puzzeln und das Memoryspiel eignen sich auch für Kinder ab 3 Jahren. Die Anzahl der Karten muss dem Alter der Kinder angepasst werden, damit sie ein Erfolgserlebnis haben.

Jutta Schlemmer

Ostern kann kommen!

Polizei und Papagei
Sprachförderspiel

Anzahl: bis zu 8 Kinder

Alter: ab 5 Jahren (Vorschulkinder)

Zeitbedarf: je 20 Minuten

Lernziele:
- Wortschatz erweitern
- Genaues Hinhören
- Konzentration und Aufmerksamkeit

> In diesem Suchspiel haben sich keine Ostereier versteckt, sondern „ei"-Laute. Die Aufgabe ist es, diesen Laut zu entdecken. Eine gute Sprachförderübung für angehende Schulkinder und Kinder, die Deutsch nicht als Muttersprache erlernt haben, um ihren Wortschatz und ihr Lautverständnis zu verbessern.

Und so geht's:

1. Spiel mit Bildkarten

Material:
- Kopiervorlage ‚Bildkarten „ei"-Laute' (QR-Code scannen oder unter www.kiga-plus-shop.de/pages/kopiervorlagen herunterladen)

Ball

Eis

Eisenbahn

Bleistift

Die Bildkärtchen werden auf dem Tisch ausgebreitet, die Bildseite zeigt nach oben. Die Kinder versuchen nun reihum, ein Motiv zu finden, dessen Bezeichnung einen „ei"-Laut enthält. Das Motivkärtchen geht dann in den Besitz des Kindes über. Wer findet die meisten „ei"-Laute?

Variation:

Die Karten können auch verdeckt auf den Tisch gelegt werden. Dann entscheidet das Glück, ob das Kind ein „richtiges" Kärtchen aufdeckt.

II. Wörter mit „ei"-Lauten suchen

Der „ei"-Laut in Eigennamen

Überlegen Sie mit den Kindern, in welchen Namen sich der Laut „ei" verbirgt. Welche Namen haben Mama und Papa, Oma und Opa?

Wichtig: Das Klangbild eines Wortes ist hier gefragt, nicht die richtige Schreibweise.

Beispiele:

Meike	Heike	Heinrich	Mike
Mareike	Heiko	Leif	Eicke

Der „ei"-Laut in Zahlwörtern

Zählen Sie mit den Kindern gemeinsam und hören dabei hin, ob ein Zahlwort den „ei"-Laut enthält.

III. Geschichte mit versteckten „ei"-Lauten

Material:
- je Kind ein aus bunter Pappe ausgeschnittenes Ei

Lesen Sie den Text zunächst komplett vor. Beim zweiten Mal wird die Geschichte Satz für Satz gelesen. Wenn ein Kind glaubt, einen „ei"-Laut gehört zu haben, hält es das ausgeschnittene Ei hoch. Die Geschichte wird unterbrochen. Hat das Kind richtig gehört? Was meinen die anderen Kinder? Wie viele „ei"- Laute" haben sich insgesamt in der Geschichte versteckt?

Anna und Julius beim Eierfärben

Bald ist Osterzeit. Mama hat Eier ausgeblasen. Die dürfen Anna und Julius ganz allein anmalen.
„Ich male Streifen", ruft Anna. Sie nimmt einen gelben Filzstift, dann einen grünen, danach einen blauen. „Jetzt sieht man keine weißen Stellen mehr", freut sich Anna.
„Ich male ein Polizeiauto", sagt Julius. „Das muss ich aber ganz klein malen, sonst passt es nicht drauf." Julius malt vier Reifen an das Polizeiauto.

Es sind noch fünf Eier da. Julius hat sie gezählt: „Eins, zwei, drei, vier, fünf."
„Die müssen wir gut aufteilen", sagt Anna.
„Okay", sagt Julius. Er nimmt sich drei und gibt Anna zwei.
„Das ist gemein. Jetzt hast du ja eines mehr!", sagt Anna.
„Die sind aber kleiner als deine", sagt Julius.
„Stimmt gar nicht!", schimpft Anna und will Julius ein Ei wegnehmen.

„Wir zählen aus, wer das fünfte Ei bekommt. Okay?"
Julius kennt einen Abzählvers:
„Ene-meine-mei,
ich koch Kartoffelbrei,
mit Kleister und mit Speck
und du bist weg."
„Peng!", macht es. Ein Ei ist auf den Boden gerollt und in viele kleine Stücke zerbrochen.
Julius kämpft mit den Tränen.
Anna holt einen Handfeger und eine Schaufel und fegt alles auf. Dann geht sie zum Abfalleimer. „Jetzt ist das Teilen leichter", sagt Anna. „Jetzt haben wir noch vier Eier und jeder bekommt zwei."
Da kommt Mama ins Zimmer.
„Na, ihr beiden, alles in Ordnung?", fragt sie.
„Keinen Streit?"
„Nein", rufen Julius und Anna wie aus einem Munde und müssen ein kleines bisschen grinsen.

Claudia Höly

Ostern kann kommen!

Osterspiele mit Eiern
Spiele

> Mit diesen schnellen Eier-Spielen wird die nächste Osterfeier ein Riesenspaß!

1. Das Puste-Ei

Anzahl: 6-10 Kinder

Alter: ab 3 Jahren

Zeitbedarf: 10 Minuten

Lernziele:
- Spielspaß
- Konzentration
- Kraftdosierung erproben

Material:
- mehrere ausgeblasene Eier
- Tisch
- evtl. bunte Schminkstifte

Und so geht's:

Alle Kinder setzen sich um einen Tisch herum und stützen ihre Unterarme auf, sodass die Ellbogen zusammenstoßen bzw. dass keine Lücke mehr zwischen den Unterarmen zu sehen ist. In der Mitte des Tisches liegt ein ausgeblasenes Ei.

Ein Kind zählt bis drei und dann fangen alle Kinder an zu pusten. Das Ei darf die Arme nicht berühren.

Variationen:

- Spielt man das Spiel als Wettspiel, aus dem ein Gewinner hervorgehen soll, so erhält der Spieler, dessen Arm von dem Ei berührt wird, einen Minuspunkt. Wer fünf Minuspunkte hat, verliert. Das Kind mit den fünf Minuspunkten scheidet aus dem Tischkreis aus. Dadurch wird es immer schwieriger, den Armkreis zu schließen. So wird das Spiel fortgesetzt, bis nur noch zwei Spieler übrig sind, die um den Sieg spielen.
- Das Spiel kann auch mit zwei Teams gespielt werden. „Team Rot" und „Team Blau" spielen gegeneinander. Die Teams können zur Kennzeichnung ein rotes bzw. blaues Kreuz mit Schminkstiften auf die Unterarme gemalt bekommen. Die Teamspieler setzen sich immer im Wechsel um den Tisch: rot, blau, rot, blau usw. Die Punkte werden dann pro Team gezählt.
- Das Spiel kann auch auf dem Bauch liegend am Boden gespielt werden.

II. Das Ei und der Berg

Anzahl: 2-6 Kinder

Alter: ab 4 Jahren

Zeitbedarf: 15 Minuten

Material:
- Tisch
- Folie zum Abdecken
- je Kind einen Löffel
- Sand oder Salz
- Eimer
- gekochtes Ei

Und so geht's:

Legen Sie den Basteltisch mit Folie aus und holen aus dem Sandkasten einen Eimer Sand. Schütten Sie den Sand auf der Folie aus, sodass ein Berg entsteht.
Zuerst klopfen die Kinder den feuchten Sand noch ein bisschen fest. Das macht Spaß und das Spiel auch noch ein bisschen spannender.

Oben auf den Berg wird nun das hartgekochte Ei gelegt. Jedes Kind, das mitspielen möchte, bekommt einen Löffel.
Der Reihe nach darf nun jedes Kind immer einen Löffel Sand zurück in den Eimer werfen.
Aber Vorsicht! Das Ei soll sich nicht bewegen und auf keinen Fall den Berg hinunterrollen.

Derjenige, der das Ei zum Umfallen bzw. Hinunterrollen gebracht hat, hat verloren.

Variation:

Das Spiel eignet sich auch als Aktivität im Sandkasten.

III. Eier-Ziel-Rollen

Anzahl: 2-8 Kinder

Alter: ab 3 Jahren

Zeitbedarf: 10 Minuten

Material:
- Krepp-Klebeband oder Kreide
- 2 gleichfarbige, gekochte Eier je Kind

Und so geht's:

Kleben Sie in der Turnhalle eine Startlinie und 2-3 m entfernt zwei Ziellinien mit Krepp-Klebeband auf den Boden. Die Ziellinien sollten ungefähr 30 cm voneinander entfernt sein. Spielen die Kinder draußen, malen Sie die Ziellinien mit Kreide auf den Boden. Jedes Kind bekommt zwei Eier in der gleichen Farbe. Ziel des Spiels ist es, die Eier so zu rollen, dass sie genau zwischen den zwei markierten Ziellinien liegen bleiben.

IV. Eier-Boccia

Anzahl: Kleingruppe
Alter: ab 4 Jahren
Zeitbedarf: wenige Minuten

Material:
- zwei gleichfarbige, gekochte Eier je Kind
- ein andersfarbiges, gekochtes Ei

Und so geht's:

Für dieses Spiel braucht man ein bisschen Platz und es kann draußen wie auch drinnen gespielt werden. Ein breiter Flur, die Turnhalle oder der Garten sind ideal.
Jedes Kind bekommt zwei Eier in der gleichen Farbe. Zu Spielbeginn wird ein Kind ausgewählt, das das Ziel-Ei auf den Boden legt. Jetzt hat jedes Kind nacheinander einen Versuch, sein Ei so nah wie möglich an das Ziel-Ei heranzurollen. Das Kind, dessen Ei am nächsten zum Ziel-Ei liegt, hat die Runde gewonnen.
In der nächsten Runde rollt das Kind das Ziel-Ei weg von den bereits gerollten Eiern auf dem Boden. Die Kinder nehmen das zweite Ei ihrer Farbe und versuchen es nun wieder so nah wie möglich an das Ziel-Ei heranzurollen. Auch hier gewinnt das Kind, das am nächsten herangerollt ist.

V. Eier-Berg-Rollen U3

Anzahl: 2-10 Kinder
Alter: ab 2 Jahren
Zeitbedarf: wenige Minuten

Material:
- je Kind ein gekochtes Ei
- steiler Hang

Und so geht's:

Für dieses Spiel brauchen die Kinder einen steilen Hang. Alle stellen sich oben in einer Reihe auf und legen ihr Ei vor sich auf den Boden. Auf ein Kommando (bspw. zählen alle zusammen bis drei) geben die Kinder ihrem Ei einen kleinen Stoß. Wessen Ei am weitesten rollt, hat gewonnen. Aber Vorsicht – das Ei muss heil bleiben, deshalb nur einen sanften Schubs geben!

Ulrike Verheugen

Ostern kann kommen!

Frühjahrsputz mit Osterhasen
Fünf Bewegungsspiele

U3

Anzahl: 10 Kinder

Alter: ab 2 Jahren

Zeitbedarf: 10 Minuten pro Spiel

Lernziele:
- Freude an Bewegung
- Regelverständnis
- Haushaltsaufgaben kennenlernen

> Die Osterhasen Toppel und Hoppel haben nach Ostern ziemlich viel zu tun! Die Kinder helfen den beiden tatkräftig beim Frühjahrsputz, üben sich in Haushaltsaufgaben und kommen so mächtig in Bewegung.

© Kirsten Maron

Spiel 1: Ostereiersuche

Zuerst müssen die verlorenen Ostereier aufgesammelt werden.

Material:
- bunte Plastikostereier und Plastikschälchen
- Krabbeldecke
- Körbchen zum Sammeln (ein Korb pro Kind)

Und so geht's:

Legen Sie die Krabbeldecke aus. Verteilen Sie die Schälchen mit der Öffnung nach unten darauf und legen unter manche Schälchen ein oder zwei Eier. Nun dürfen jeweils zwei Kinder auf Ostereiersuche gehen. Für ältere Kinder kann man die Variation „Topfschlagen" einführen.

Spiel 2: Wäsche aufhängen

Dann haben Toppel und Hoppel die längst fällige Wäsche gewaschen. Alle Kinder dürfen helfen diese aufzuhängen.

Material:
- 2 Wäscheständer
- 2 Körbchen mit Wäscheklammern
- 2 Wäschekörbe mit je 10 Waschlappen

Und so geht's:

Es werden zwei Gruppen gebildet. Jede Gruppe erhält einen Wäscheständer, ein Körbchen Wäscheklammern und einen Wäschekorb voller Waschlappen. Nun geht es darum, diese möglichst schnell aufzuhängen. Welche Gruppe gewinnt?

75

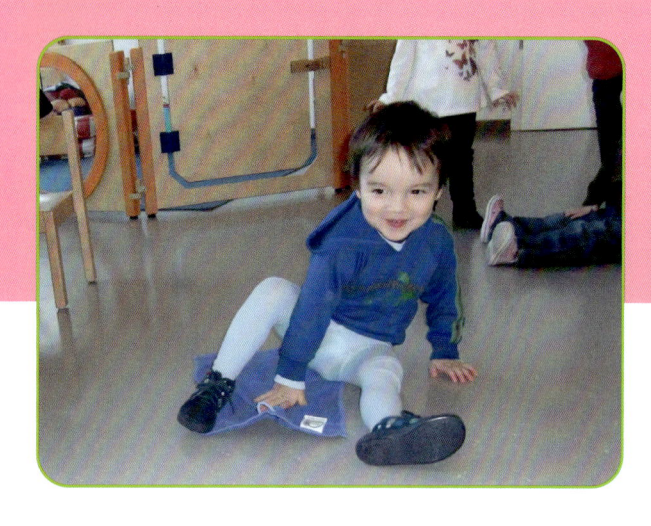

Spiel 3: Boden wischen

Auch der Osterschmutz klebt noch auf dem Boden. Ran an die Tücher und flink den Boden wischen.

Material:
- ein Handtuch je Kind
- ausreichend große Spielfläche (mind. 6 x 3 m)

Und so geht's:

Je zwei Kinder spielen gegeneinander. Diese setzen sich auf ihr Handtuch und fassen es an den vorderen Zipfeln fest an. Nun gilt es, möglichst schnell auf dem Handtuch bis ins Ziel zu rutschen. Junge „Porutscher" können dies oft besonders gut.

Spiel 4: Socken rollen

Bei der Ostereiersuche sind alle Socken aus der Schublade gefallen. Alle Kinder dürfen helfen diese einzusammeln.

Material:
- ein Paar zusammengerollte Socken je Kind
- Kiste
- Strecke von mind. 6 m

Und so geht's:

Jedes Kind erhält ein Paar zusammengerollte Socken, das über eine festgelegte Strecke zu einer Kiste gerollt werden muss. Gewonnen hat, wer als Erste/r die Socken zur Kiste gerollt hat.

Spiel 5: Weg mit dem Schmutz

Zum Schluss müssen die großen „Schmutzpartikel" noch vom Tisch entfernt werden. Wegspritzen geht besonders schnell.

Material:
- 2 Sprühflaschen mit Wasser (z.B. gut ausgespülte leere Fensterreinigerflasche)
- 6 Tischtennisbälle und Tisch
- Lappen zum Aufwischen

Und so geht's:

Es liegen sechs Tischtennisbälle auf einem niedrigen Tisch, an dem sich zwei Kinder gegenüberstehen.
Jedes hat eine Sprühflasche in der Hand, denn diese Bälle sollen nun weggespritzt werden. Wer beseitigt die meisten Schmutzbälle und wird so Sieger?

Kirsten Maron

alle Fotos: © Kirsten Maron

Auf einen Blick

Sprache und Kommunikation
Den Frühling anlocken / Lied und Tanz	6
Frühling kommt / Fingerspiel	8
Osterglöckchen, gelbes Röckchen / Reim und Spiel	11
Frühlingswörter / Aktion	18
Besuch aus den Bäumen / Fingerspiel	49
Siehst du dort die Finken? / Fingerspiel	50
Eine kleine Schnecke / Fingerspiel	53
Wir bauen ein Vogelnest / Fingerspiel	56
Zwei Regenwürmer bei der Arbeit / Fingerspiel	57
Es war einmal ein Schaf / Geschichte und Gestaltung	58
Wieso bringt der Osterhase die Eier? / Gut zu wissen	65
Polizei und Papagei / Sprachförderspiel	70

Bewegung und Wahrnehmung
Fitness für Wintermüde / Bewegungsangebot	9
Frühlingsspiele mit Blumenzwiebeln / Spiele	12
Winteraustreiben mit Hexentanz / Gestaltung und Tanz	14
Die ersten Sonnenstrahlen genießen / Entspannungsgeschichte	16
Den Frühling fühlen / Tastspiel	23
Frühlingsstrauß / Kreisspiel	26
Brennnesselbrotaufstrich / Rezept	40
Frühlingsgenüsse / Rezepte	45
Zwick und Zwack / Mitmachgeschichte	54
Osterspiele mit Eiern / Spiele	72
Frühjahrsputz mit Osterhasen / Bewegungsspiele	75

Kunst, Musik und Kreativität
Den Frühling anlocken / Lied und Tanz	6
Farbenfrohe Blumenzwiebelbilder / Aktion	33
Kresse mit Herz / Gestaltung	36
Frühlingsfrühstück / Aktion	37
Knospen-Daumenkino / Fotografie und Gestaltung	41
Wenn Blumen wachsen / Klanggeschichte	42
Blumenbilder aus Saatgut / Wissen und Gestaltung	43
Frühlingsboten / Gestaltung	47
Kleiner Igel, wach auf! / Klangspiel	48
Es war einmal ein Schaf / Geschichte und Gestaltung	58
Eier filzen / Gestaltung	67
Puzzle und Memory mit Ostereiern / Gestaltung und Spiel	68

Sozialkompetenz
Fensterbank-Wiese / Aktion	35
Kresse mit Herz / Gestaltung	36
Frühlingsfrühstück / Aktion	37
Die Frühlingsmaus / Theaterspiel	51
Rettet die Frösche! / Projekt	63
Wieso bringt der Osterhase die Eier? / Gut zu wissen	65
Osterbräuche aus aller Welt / Wissen und Aktionen	66
Frühjahrsputz mit Osterhasen / Bewegungsspiele	75

Natur und Tiere

Ein Fall für die Frühjahrsdetektive / Projekt	19
Frühlingsforscher-Pass / Aktion	21
Den Frühling fühlen / Tastspiel	23
Pflanzenbeobachtungsquadrat / Aktion	24
Farbsammelpalette / Aktion	27
Natur-Finder-Spiel / Suchspiel	28
Überall wächst was / Aktion	29
Der Wachs-O-Graph / Aktion	31
Farbenfrohe Blumenzwiebelbilder / Aktion	33
Fensterbank-Wiese / Aktion	35
Blumenbilder aus Saatgut / Wissen und Gestaltung	43
Alle Vögel sind schon da! / Sachtext und Aktion	61
Rettet die Frösche! / Projekt	63

MINT und Medien

Ein Fall für die Frühjahrsdetektive / Projekt	19
Frühlingsforscher-Pass / Aktion	21
Pflanzenbeobachtungsquadrat / Aktion	24
Der Wachs-O-Graph / Aktion	31
Knospen-Daumenkino / Fotografie und Gestaltung	41

Kinder unter 3

Den Frühling anlocken / Lied und Tanz	6
Fitness für Wintermüde / Bewegungsangebot	9
Osterglöckchen, gelbes Röckchen / Reim und Spiel	11
Kresse mit Herz / Gestaltung	36
Kleiner Igel, wach auf! / Klangspiel	48
Siehst du dort die Finken? / Fingerspiel	50
Die Frühlingsmaus / Theaterspiel	51
Eine kleine Schnecke / Fingerspiel	53
Zwick und Zwack / Mitmachgeschichte	54
Wir bauen ein Vogelnest / Fingerspiel	56
Zwei Regenwürmer bei der Arbeit / Fingerspiel	57
Osterbräuche aus aller Welt / Wissen und Aktionen	66
Eier filzen / Gestaltung	67
Puzzle und Memory mit Ostereiern / Gestaltung und Spiel	68
Frühjahrsputz mit Osterhasen / Bewegungsspiele	75

10 Minuten oder weniger

Den Frühling anlocken / Lied und Tanz	6
Frühling kommt / Fingerspiel	8
Frühlingswörter / Aktion	18
Wenn Blumen wachsen / Klanggeschichte	42
Besuch aus den Bäumen / Fingerspiel	49
Siehst du dort die Finken? / Fingerspiel	50
Eine kleine Schnecke / Fingerspiel	53
Wir bauen ein Vogelnest / Fingerspiel	56
Zwei Regenwürmer bei der Arbeit / Fingerspiel	57

Bildnachweis

Illustrationen:
Anja Seelig: 68, 69
pixabay.com: 8, 29, 30, 72, 73
Waldemar Erz: 18, 20, 21, 25, 27, 41, 58, 59

Fotos:
Ulrike Blucha: 23
Marion Demme-Zech: 7 (unten), 32, 36
Marieke Göttlicher: 12 (unten), 13, 14 (unten), 15, 17, 44, 47, 63, 64 (oben)
Kirsten Maron: 54 (oben), 67, 75, 76
Petra Meyer: 29, 30
Sabrina Neumann: 42
Sigrun Teichmann-Krömer: 62
Redaktion: 37 (oben und rechts), 38 (oben), 39

Mit unseren löwenstarken Ideen wird Förderung zum Kinderspiel!

Entdecken Sie jetzt die gewohnt qualitativ hochwertigen Inhalte unserer Praxismappen bequem von überall: ob am Schreibtisch, bei Aktionen mit den Kindern oder zuhause – mit dem **Online-Portal Kiga+** haben Sie all Ihre Lieblingsideen immer griffbereit.

- Wöchentlich neue Ideen zum Spielen und Entdecken - von direkt umsetzbar bis umfangreich

- Große Themenvielfalt, verschiedene Förderschwerpunkte und viele Beschäftigungsarten

- Vorgefertigten Wochenplan nutzen oder nach individuellen Vorstellungen anpassen

Jederzeit flexibel monatlich kündbar

Jetzt 14 Tage kostenlos testen!

www.kiga-plus.de